ライブラリ わかりやすい心理学 ▶3

わかりやすい
発達心理学

榎本 博明 著

サイエンス社

はじめに

　この本は，発達心理学をはじめて学ぶ人を想定し，基本的な事項から最新の知見までをわかりやすく解説した入門書です。多くのテキストにありがちなように，実験や調査の結果をただ羅列するのでは，なかなか理解が進みませんし，意義ある学びにも楽しい学びにもなりません。そこで，それぞれの知見が何を意味するのかがよくわかるように，日常生活と結びつけた記述を心がけました。

　発達心理学とは，人間が生まれてから死に至るまでの生涯にわたる心身の変化について研究する学問です。まさに自分自身が生まれてから今に至るまでの人生の軌跡を探求するものなので，最も身近な学問といってよいでしょう。

　これまでの人生を振り返れば，幼稚園児だった自分，小学生だった自分，中学生だった自分，高校生だった自分といった具合に，さまざまな時期の自分のことを思い出すことができるはずです。それぞれの時期の自分をたどることで，成長を実感したり，友だち関係で悩んだことや楽しかったこと，自己意識に苛まれたこと，転機となった出来事などを思い出したり，一貫して変わらない自分のパーソナリティの特徴に気づいたりするのではないでしょうか。

　そのように自分自身の発達を振り返りつつ，自身の経験と結びつけながら，発達心理学を学んでいってほしいと思います。

　第1章では，まず導入として，発達とは何か，発達にはどのような要因が影響するのかについて解説します。

　第2章では，生まれたときは何もしゃべれない赤ちゃんが，どのようにして言葉をしゃべれるようになったり読み書きするようになったりするのか，それに読み聞かせや読書がどのようにかかわってくるのかについて解説します。

　第3章では，理屈を理解したり，知識を獲得したりといった認知能力はどのように発達していくのか，知能はどのような要素で成り立ち，またどのように発達するのかについて解説します。

　第4章では，表情や声の調子から感情を推測したり，状況やパーソナリティと結びつけて人の感情を推測したりする能力はどのように発達するのか，また

自分の感情を制御する能力はどのように発達するのかについて解説します。

　第5章では，自己意識がどのように芽生え，青年期に向けてどのように発達していくのか，青年期以降の自己形成に自己意識がどのように関係するのかについて解説します。

　第6章では，情動知能とか情動コンピテンスなどと呼ばれる，自分の情動の動きを察知し，必要に応じて制御する能力，他者の情動を理解する能力がどのように発達するのかについて解説します。

　第7章では，親子関係や友だち関係といった人間関係がどのように発達していくのかについて解説するとともに，現代に特有の人間関係のあり方についても検討します。

　第8章では，思いやりのある行動や共感性，道徳意識などがどのように発達していくのかについて解説します。

　第9章では，パーソナリティがどのように形成され，そこに遺伝要因や環境要因がどのように影響するのか，またどのように発達的変化をしていくのかについて解説します。

　第10章では，人生をどのような発達段階に分けてとらえることができるか，人生の転機にはどのようなことがあるかについて解説します。

　第11章では，小1プロブレムや中1ギャップ，就職不安，中年期の危機などに代表されるような，発達の移行期の問題を取り上げます。

　第12章では，発達障害とは何かということを踏まえて，代表的な発達障害について解説します。

　心の発達の理解のために，本書を存分に活用いただければと思います。

　最後に，このライブラリの企画およびこの本の執筆に際してお世話になったサイエンス社編集部の清水匡太氏に心から感謝の意を表します。そして，この「ライブラリ　わかりやすい心理学」が，多くの読者の役に立つことを願っています。

　　2022年5月

　　　　　　　　　　　　　　　　　　　　　　　　　榎　本　博　明

目　次

1

発達とは

1.1 児童心理学から生涯発達心理学へ

発達心理学とは，人間が生まれてから死に至るまでの生涯にわたる心身の変化について研究する学問です（表 1-1）。

かつては発達に関する研究は，子どもが大人に成長していくまでの心身の変化の研究という意味で，児童心理学として行われていました。それとはまったく別の学問として，自己意識の高まりをきっかけに内面世界を耕しながら若者が大人になっていく過程の研究は，やや哲学的な色彩の強い青年心理学として行われてきました。

その後，科学技術の発達によって新生児や胎児の研究もできるようになり，また高齢化社会の進展により老年期の心身の変化を研究する必要性も高まりました。さらには，生まれてから大人になるまでの心身の増大・増強の過程，および老年期の心身の衰弱の過程だけでなく，その間の成人期もさまざまな葛藤が渦巻く時期であることがわかり，中年期の危機などという言葉も生まれ，研究の俎上に載ってきました。

成人期以降は計算能力や記憶力が衰えたり，身体機能も衰えたりするし，老年期にはさまざまな機能が著しく衰退し，喪失する機能もあります。心身の諸機能が成熟したり，新たな機能を獲得したりするのが発達だと考えれば，成人期や老年期の変化を発達とみなすことに抵抗を感じる人もいるかもしれません。しかし，現在では，成熟・獲得だけでなく衰退・喪失も含めて，加齢に伴う変化を発達とみなし，いわば上昇過程のみならず，その後の水平飛行や下降の過程も発達として統一的にとらえるようになってきました。そこに登場したのが，**生涯発達心理学**という言葉です。

こうして発達心理学は，受胎から死に至るまでの人間の生涯にわたる心身の変化を研究対象とすることになりました。現在の発達心理学は，生涯発達心理学でもあるのです（表 1-1）。

表 1-1　**発達心理学とは**

成熟・獲得だけでなく衰退・喪失も含めて，加齢に伴う変化を発達とみなし，いわば上昇過程のみならず，その後の水平飛行や下降の過程も発達として統一的にとらえるようになってきた。
（生涯発達心理学という言葉も用いられる）

↓

発達心理学＝受胎から死に至るまでの人間の生涯にわたる心身の変化を
　　　　　　　研究対象とする学問

表 1-2　**成熟優位説と学習優位説**

成熟優位説……何らかの学習をするには成熟によって得られる準備状態
　　　　　　　　（レディネス）が必要であり，レディネスを待たずに早め
　　　　　　　　に教育することは十分な効果をもたらさないとする立場。
　　　　　　　　＝レディネス待ちの発達観

学習優位説……どんな高度な内容でも，提示方法や説明の仕方を学習者
　　　　　　　　の発達水準に合わせるように工夫することで，知的性格
　　　　　　　　を損なうことなく，どんな年齢段階の子どもにも学ばせ
　　　　　　　　ることができるとし，適切な教育的刺激を与えることで，
　　　　　　　　レディネスの成熟を促進することができるとする立場。
　　　　　　　　＝レディネス促進の発達観

1.2 発達をもたらす要因

1.2.1 成熟と学習

前節で確認したように，発達とは受胎から死に至るまでの生涯にわたる心身の変化ということになりますが，それはある一定の方向性や順序性をもった変化のことです。そのような変化は，成熟と学習の2つの側面に分けてとらえることができます。**成熟**は遺伝的に組み込まれている素質がしだいに展開していく発達の側面を指し，**学習**は生後の経験を通して新たな性質を獲得していく発達の側面を指します。

自分では動けなかった赤ちゃんが1年後には歩けるようになり，何もしゃべれなかった赤ちゃんが1年後には言葉を発し，2〜3年後にはおしゃべりが止まらなくなるというように，子どもは凄まじい速度で発達していきます。このような発達を成熟優位とみなすか学習優位とみなすかで，望ましい教育的働きかけのとらえ方が違ってきます（**表1-2**）。

成熟優位説の立場をとるゲゼルは，何らかの学習をするには成熟によって得られるレディネス（準備状態）が必要であるとしました。まだレディネスができていない段階で無理に学習させようとしても非常に効率が悪いとし，それを証拠づける実験も行っています。このような見方がレディネス待ちの発達観につながります。何歳くらいでどのような発達を遂げるかはおよそ決まっており，レディネスを待たずに早めに教育することは十分な効果をもたらさないとする立場です。

これと正反対の主張を唱えたのがブルーナーです。ブルーナーは，どんな高度な内容でも，提示方法や説明の仕方を学習者の発達水準に合わせるように工夫することで，知的性格を損なうことなく，どんな年齢段階の子どもにも学ばせることができると考え，レディネス重視の発達観を批判しました。それほど極端でなくても，レディネスの自然な成熟をただ待つのではなく，適切な教育的刺激を与えることで，その成熟を促進することができるとみなす立場があります。これがレディネス促進の発達観です。このところ盛んに行われている早期教育は，レディネス促進の発達観に基づくものといえます（**コラム1-1**）。

コラム1-1　早期教育の効果と意義は切り離して考える必要がある

　現在では，レディネス促進の発達観が優勢といえます。実際，外国語の習得でも，ピアノやヴァイオリンなど芸術面や水泳やバレーボールなどのスポーツ面の技能習得でも，レディネス促進による早期教育の効果が実証され，広く実施されています。ただし，効果があるならやらせればいいというわけではありません。それによって，他の面で年齢相応の経験が奪われ，発達が阻害されるということもあり得ます。また，そのときは効果がみられても，いずれ追いつかれてしまい，長期的視点に立つとほとんど意味がないということもあります。発達を促進できるという技術的な問題と，その促進が，あるいはそれをするために他の年齢相応の経験が制約を受けることが，本人の人生にとって長い目で見てどのような意味をもつかといった価値的な問題は，切り離して考える必要があるでしょう。

　内田（1989）は，幼稚園の年長組の時点で読み書きの習得が進んでいる子と遅れている子の就学後の発達を比較検討しています。その結果，小学1年生の2学期には差がみられなくなっていました。

　このような結果からしても，早期教育に関しては慎重な判断が求められます。この実験では読み書き能力だけを測定していますが，早期教育を行うことにより，友だちと思いきり遊んだり，空想の世界に浸ったりする経験が奪われた場合に生じ得る，人間関係能力や想像力，自発性などの発達の阻害についても十分考慮する必要があります。近頃の早期教育の隆盛をみると，レディネス促進の発達観が子どもビジネスと呼ばれる業界に利用されている感があります。早期教育の短期的な効果だけでなく，長期にわたる影響を慎重に検討する必要があるでしょう。

1.2.2　遺伝と環境

　長いつきあいのある人たちをみていると，能力にも人柄にも年を経ても変わらないその人らしさを感じるものですが，その一方でずいぶん変わったなあと思う面もあったりします。そこで，加齢に伴う発達のメカニズムを知りたいといった思いに駆られます。個人のもつ性質は遺伝によって決定されており生涯を通じてほとんど変わらないものなのか，それとも生後の環境の影響によって形成され環境しだいでいくらでも変わり得るものなのかという疑問に関しては，遺伝か環境か，素質か経験か，成熟か学習かといったさまざまな形の議論が行われてきました。ここでは遺伝要因と環境要因についての諸説についてみていきましょう。

1.　単一要因説

　遺伝説や環境説のように，どちらか1つの要因をとくに重視する考え方を単一要因説といいます。身分や社会体制が固定的な時代には，支配者階級にとって有利であるため，生得的な素質がしだいに展開してくるという成熟要因を重視する遺伝説が支持されました。ところが，社会が流動的となり，民主平等思想が広がっていく動きと並行して，生後の経験によってさまざまな性質を身につけていくという，学習要因をとくに重視する環境説が支持されるようになってきました。

　20世紀の半ばを過ぎる頃から，遺伝か環境かというような単純に割り切った議論は下火となり，遺伝も環境も関係しており両者の絡みを解きほぐそうという考え方が主流となってきました。いわゆる「遺伝か環境か」というようにいずれか一方の要因のみを重視する単一要因説から「遺伝も環境も」というように両要因の絡み合いを前提とする考え方への転換です。

2.　輻輳説（加算的寄与説）

　遺伝と環境の両方の要因が共に働くことを前提とする考え方として登場したのが輻輳説です。輻輳説を唱えたシュテルンは，心理的な性質は生得的素質の単なる発現でもなく，また環境的要因の単なる受容でもなく，両者がそれぞれ別々に作用する結果であるとしました。そして，遺伝要因と環境要因双方の影響を受けて一定の性質が形成されますが，個々の性質ごとに遺伝と環境の関与

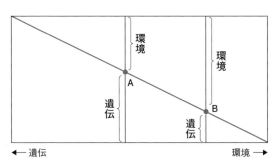

図 1-1　ルクセンブルガーの図式

する割合が異なると考えました。

　このことをわかりやすく示したのがルクセンブルガーの図式です（図1-1）。この図において，特性Aは遺伝要因と環境要因の比率が6対4くらいで遺伝要因のほうが強く関与していますが，特性Bのほうは1対3くらいで環境要因のほうが強く関与しているということになります。それぞれの性質をこの図の斜線上に位置づけることで，遺伝要因と環境要因の影響力の比率を示すことができます。

　輻輳説の登場により，遺伝か環境かといった単純すぎる議論は排除されました。ただし，遺伝要因と環境要因を切り離されたものとみなし，両者を加算的にとらえようとするところが批判されるようになりました。輻輳説は**加算的寄与説**とも呼ばれますが，遺伝要因と環境要因の絡みはそのような単純なものではないとする見方が強まるにつれて，輻輳説は力を失っていきます。

3. 相互作用説

　輻輳説に代わって主流となったのが**相互作用説**です。これは，遺伝要因と環境要因は単純に加算できるようなものではなく，両者が互いに影響し合い，相乗的に作用すると考えるものです。

　ローラッヘル（1956）は，パーソナリティ形成における遺伝要因と環境要因の絡みについて，**表1-3**のような論点を示しています。これは，まさに相互作用説とみなすことができます。このような相互作用的な考え方は，後に知能の遺伝規定性の問題をめぐって多くの議論を呼んだジェンセンの環境閾値説の中に，より具体的な形で示されています。

　環境閾値説とは，心身の発達には遺伝と環境の両要因が関与しており，環境の適切さがある水準（閾値）を超えれば遺伝的素質に応じたその性質の発現がみられるけれども，環境の適切さがその水準に達しない場合にはその発現は大きく阻害される，という考え方です。性質によって閾値の高いものもあれば低いものもあり，閾値の高さによって環境要因の重要性が異なってきます。その考え方をグラフに示したのが**図1-2**です。この図の中のAは閾値が非常に低く，環境条件がそれほど良くなくても素質が十分に開花していくため，遺伝規定性が高い性質ということになります。それに対して，Cは閾値がきわめて高

表1-3 **相互作用的な見方**（ローラッヘル，1956より作成）

①心的諸特性への素質が遺伝することは事実である。
②どの素質が発展するか，またそれがどこまで発展する
　かを決定するのは環境である。
③非常に強い素質はどんな環境でも発展する。

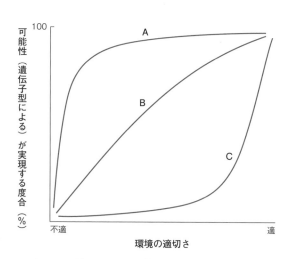

図1-2 **ジェンセンの環境閾値説**（井上，1979）

く，よほど環境が好ましくない限り素質の違いは表面化しないので，遺伝の影響があらわれにくい性質ということになります。

4. 行動遺伝学的なとらえ方

　遺伝要因と環境要因の絡み合いを解きほぐそうとする新しい方法に行動遺伝学的な研究があります。親の養育態度が子どもの発達に影響するといわれますが，ローヴ（1981）は，双生児研究により，子どもが親の養育態度を温かいと感じる程度には遺伝の影響がみられることを明らかにしました。プロミン（1990）は，子どもの養育態度には遺伝の影響があることを見出しています。そうなると，養育態度が子どもの発達に影響しているからといって，それをそのまま環境要因とみなすわけにはいかなくなります。

　安藤（2009）は，一卵性双生児と二卵性双生児の性格や知能の類似性を検討したいくつかの共同研究の結果をまとめて図に示しています（図1-3）。これをみると，神経症傾向（情緒不安定性），外向性，開放性（経験への開放性），調和性（協調性），誠実性（信頼性）といったビッグ・ファイブでとらえられたパーソナリティ特性をはじめとして，一般的信頼性や権威主義的伝統主義，論理的推論や空間性知能に至るまで，多くの性質において一卵性双生児のほうがはるかに類似性が高いことがわかります。このことは，これらの性質が遺伝要因に強く規定されていることを意味します。安藤（2016）は，ビッグ・ファイブでとらえられたパーソナリティ特性については概ね30〜50％が遺伝によって決まり，知能は概ね50％以上が遺伝によって決まるとしています。

1.2.3　生涯にわたる発達を規定する要因

　バルテスたち（1980）は，人間の生涯にわたる発達に影響する要因を3つに分けてとらえようとしています。それは，年齢に基づいた要因，歴史に基づいた要因，標準化し得ない要因の3つです（図1-4）。年齢に基づいた要因とは，暦年齢に強く関係している生物学的および環境的決定因のことです。具体的には，生物学的成熟や年齢を基準にした社会化などがあります。歴史に基づいた要因とは，歴史的な文脈に結びついた生物学的および環境的決定因のことです。具体的には，不況，戦争，人口構成や職業構造の変化などがあります。標準化

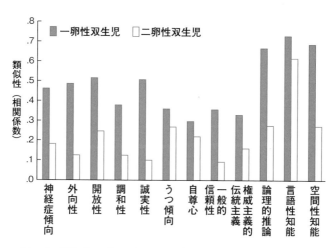

図 1-3　双生児のパーソナリティや知能の類似性 （安藤，2009）

年齢に基づいた要因	暦年齢に強く関連する生物学的および環境的決定因。具体的には生物学的成熟や年齢を基準にした社会化といった要因。
歴史に基づいた要因	歴史的な文脈に結びついた生物学的および環境的決定因。具体的には不況，戦争，人口構成や職業構造の変化といった要因。
標準化し得ない要因	年齢や歴史的なものに関係なくだれにも起こり得る生物学的および環境的決定因。具体的には転職，配置転換，医学的トラウマ，解雇，離婚，入院，重要な他者の死といった要因。

図 1-4　パーソナリティの発達的変化をもたらす要因
（バルテスたち，1980 より作成）

し得ない要因とは，年齢や歴史的なものに関係なくだれにとっても起こり得る生物学的および環境的決定因のことです。具体的には，転職，配置転換，医学的トラウマ，解雇，離婚，入院，重要な他者の死などがあります。

ただし，バルテスがあげる後者2つの要因は，いずれも年齢に関係なく影響を受けるものです。たとえ歴史的な流れがあるにしても，個人にとってはあるときに突然押し寄せてくるものに他なりません。

そこで榎本（2004）は，両者を偶発的な要因としてひとくくりにし，2要因に整理し，モデル化しています（**図1-5**）。すなわち，パーソナリティの発達的変化をもたらす要因として，多くの人が人生上の一定の時期に共通して経験しがちなもの（年齢に関連した要因）と偶発的に経験しがちなもの（偶発的要因）にまずは二分します。その上で，前者を生物学的要因と社会・文化的要因に分け，後者を個人的要因と社会的要因に分けています。

1.2.4 発達期待

発達に影響する環境要因の一つとして，属する文化のもつ発達期待があります。**発達期待**とは，このような人間に発達していってほしいという期待です。それは親や教師など周囲の大人を通して子どもに伝わります。

東・柏木（1980）は，母親がわが子に対してもつ発達期待の日米比較研究を行い，日本の母親は従順さや感情の統制に関してアメリカの母親よりも強い発達期待をもち，アメリカの母親は社会的スキルや言語による自己主張に関して日本の母親より強い発達期待をもつことを見出しています。具体的には，日本の母親は，「言いつけられた仕事はすぐにやる」といった従順さや，「いつまでも怒っていないで，自分で機嫌を直す」といった感情の統制に関して，アメリカの母親よりも強く子どもに期待していました。一方，アメリカの母親は，「友だちを説得して，自分の考え，したいことを通すことができる」といった社会的スキルや，「自分の考えを他の人たちにちゃんと主張できる」といった言語による自己主張に関して，日本の母親よりも強く子どもに期待していました。こうした違いは，それぞれの文化のもつ良い子像に基づくものといえます。

また，日本，中国およびアメリカの幼稚園・保育園の先生や保護者に対して，

年齢に関連した要因
（多くの人が人生上の一定の時期に共通して経験しがちなもの）

├生物学的要因
　青年期における性的成熟，中年期以降の体力の衰え，成人病の罹患，更年期障害　など

├社会・文化的要因
　各年齢段階に課せられる生活課題，周囲の人々による期待や一般的な社会的期待といった形で突きつけられる発達課題　など

偶発的要因

├個人的要因
　学業上の成功や失敗，受験の成功や失敗，転職，勤務先の倒産，恋愛，失恋，離婚，影響力のある人物との出会い，病気，家族・親友・恋人など身近な人物の病気や死，交通事故や地震・火事などの災害，犯罪事件　など

├社会的要因
　戦争，不況，ライフスタイルの変化　など

図1-5　パーソナリティの発達的変化をもたらす要因（榎本，2004）

幼稚園・保育園で子どもが学ぶ最も大切なことは何かと尋ねたトービンたち（1989）による国際比較研究の結果をみると，アメリカが自信で突出し，日本が共感・同情・他の人への心配りで突出し，中国が忍耐力で突出するというように，発達期待の文化差が顕著にみられました（図1-6）。この結果に関しては，忍耐力は中国人より日本人のほうがあるのではないかといった意見もありますが，他の要素との重要度の比較であることや，文化によってどの程度求めるかの基準が異なることが関係していると考えられます。

　村瀬（2009）は，親の発達期待によって子どもに対する行動が異なり，自律性や関係性を重視する発達期待をもつ親は共感的な言葉がけが多く，達成を重視する発達期待をもつ親は物事の実用面を重視したかかわり方が多いことを指摘しています。これを踏まえた研究により，島・浦田（2013）は，自律性や関係性を重視する発達期待をもつ親は配慮型の養育態度をとり，達成を重視する発達期待をもつ親は強制型の養育態度をとる傾向があることを見出しています。このように，親のもつ発達期待が親子の相互作用を通して子どものパーソナリティ形成など発達に影響すると考えられます。

1.3　初期経験の重要性と発達の可塑性

　動物行動学者ローレンツが雛が孵化するのを観察していると，その雛はローレンツを母鳥と思っているかのようにローレンツの後を追うようになりました。まるで自分を人間と思っているかのように，常にローレンツと行動を共にしないと気がすまない感じになったのです。このような習性は，いったん確立されると修正不可能となります。後にローレンツ（1949）は，この現象を刷り込み（インプリンティング）と名づけました（表1-4）。

　カモやアヒルなど鳥類では，孵化して間もない頃に目の前にいる大きな動くものの後を追う「刺激―反応図式」が本能として組み込まれています。母鳥を先頭に雛が一列になって移動するカルガモの行進が話題になったりしますが，この微笑ましい光景も本能によるものなのです。通常，孵化して間もない頃に目の前で動く大きなものは母鳥であり，その後に付き従っていれば，身の安全

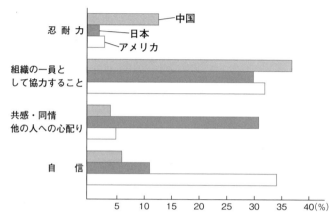

図 1-6　**幼稚園・保育園で子どもが学ぶこと**
(Tobin et al., 1989；古澤，1996)

表 1-4　**刷り込み（インプリンティング）**

カモやアヒルなど鳥類では，孵化して間もない頃に目の前にいる大きな動くものの後を追う「刺激―反応図式」が本能として組み込まれている。

　　通常，孵化して間もない頃に目の前で動く大きなものは母鳥であり，その後に付き従っていれば，身の安全が保障されるし，餌にありつくこともできるので，それは生命を守るという点において理にかなった本能図式といえる。

が保障されるし，餌にありつくこともできるので，それは生命を守るという点において理にかなった本能図式といえます（**図1-7**）。

　生後の比較的早いうちに，他の時期よりも経験の効果が著しくあらわれる時期があり，それを**臨界期**といいます。その後，ヘス（1958）の実験など，さまざまな検証が行われましたが，アヒルやカモの刷り込みは，孵化後十数時間のうちに完了し，30時間を超えた時点ではめったに起こらず，ほぼ初日が臨界期ということになります。イヌのような高等動物になると，もっと柔軟性があり，生後20～60日目にかけて徐々に刷り込みが行われます。しかも，トリほど決定的なものではなく，その後の経験による変更が十分に可能であると考えられます。

　人間に関しても，発達初期の対人関係がその後の対人関係を大きく左右することは，さまざまな研究により指摘されています。たとえば，精神分析学や発達心理学においても，乳幼児期における両親との愛着関係が将来の友人関係や異性関係をはじめとする人間関係のとり方を大いに規定するとみなされています。ただし，学習能力を十分に備えた人間の場合は，柔軟性が非常に大きいため，初期経験による影響をある程度修正することも可能と考えられています。そこで，人間に関しては，臨界期というような決定的なとらえ方をせず，敏感期というとらえ方をします。環境の影響を敏感に受ける時期という意味です。

1.4　「過去が変わる」発達観

　発達というと，時間の経過と共に進行する変化の過程とみるのが一般的ですが，別の発達のとらえ方もあるのではないでしょうか。私たちは，子どもの頃の自分に戻るわけにはいきませんし，それどころか1年前の自分に戻ることもできません。でも，過去の出来事や自分自身の印象が大きく変化するというのは，じつによくあることです。たとえば，当時はどうにも受け入れがたく，思い出すのも嫌だった出来事が，改めて振り返ってみると，成長の糧となった出来事として肯定的な気持ちで思い出せるようになっていたりします。

　私たちは，過去の自分史を背負って生きているわけですが，その過去という

図 1-7　母鳥の後を追う雛（著者撮影）

のは，どこかに客観的なものとして保持されているわけではなく，紛れもなく現在の視点から振り返られる過去です。過去の自分について語るとき，語られる出来事や経験は，それぞれが生起した時点の視点で語られるのではなく，語っている現時点の視点から語られます。つまり，語られるエピソードは，それぞれが経験された時点における味わいから離れて，回想している今の時点の味わいをもって語られるのです。

　たとえば，幼児期の愛着のタイプや現在の適応状態と幼児期の想起との関係を検討した研究があります（フェアリングとタスカ，1996）。それによれば，幼児期に不安定愛着群に分類されていた青年が，幼児期に安定愛着群に分類されていた青年と比べて，とくに自分自身の幼児期を不幸とか不安定とかみなすということはありませんでした。ただし，自分自身の幼児期を否定的に回想する青年は，肯定的に回想する青年と比べて，現在の自分自身を不適応とみなす傾向があることが明らかになりました。このような結果は，過去が現在の心理状態をもとにして，つまり想起する時点の色眼鏡の色によって，再評価・再構成されることを示唆するものといえます。その意味において，私たちの過去は，いくらでも変わっていく可能性があるのです。

　こうしてみると，一般に人間の発達というとき，過去から現在に至る事実としての流れがすでに固定されているかのように思われがちですが，じつは過去を振り返ることによって発達の軌跡が生み出されるといった側面があることがわかります。過去から現在に至る発達の軌跡は，回顧されるたびに書き換えられていくのです（榎本，1999，2000a，2002a，2002b，2008）。そうなると，振り返る視点が変化することで，同じ個人の発達の軌跡もさまざまに変化していく可能性があることになります。

2

コミュニケーションと言語の発達

2.1　言語獲得の前段階のコミュニケーション

　子どもが言葉をしゃべり始めるのは1歳頃からになりますが，その前も言語の発生に向けてさまざまな発達がみられます。この時期を**前言語期**といいます。そこで重要となるのが養育者との表情や声のやりとりです。生まれたばかりの子どもは，養育者にあやされたり，授乳してもらったり，オムツを替えてもらったりしながら，養育者との言語的および非言語的なやりとりを通してコミュニケーションの土台をつくっていきます。そのうち養育者の目を見つめたり，養育者に訴えかけるように泣いたり，養育者の真似をして口を開けたりといったコミュニケーションが盛んに行われるようになります。そして，養育者が話しかけると，視線を向けたり，微笑んだり，手足を動かしたりして，嬉しそうに反応します。

　はじめのうちは，子どもが発するのは泣き声がほとんどですが，生後2カ月くらいになるとクーイングも聞かれるようになります。**クーイング**というのは，「ヒュー」「アー」「クー」のような発声で，くつろいでいるときに発せられます。

　生後4カ月くらいになると，喃語を発するようになります。**喃語**というのは，子音と母音で構成される，とくに意味をもたない発声で，機嫌の良いときに発します。これは，どの言語にも共通にみられ，この時期には所属する文化の言語では用いない音声も発声できるとされます。

　生後6カ月くらいになると，養育者が発する言葉を模倣するようになり，いろんな声を出し，しきりに声遊びをするようになります。

　生後9カ月くらいになると，子どもと養育者という二者関係に事物（生き物も含む）が介在する三項関係がみられるようになります。そこでは指差し行動がよく用いられます。関心のある事物を指差し，養育者の目をそちらに向けさせ，一緒に注視します。これを**共同注視**といいます。その際，コミュニケーション言語の原初的形態としての発声がみられることが多くなります。それに対して，養育者が言葉と表情で反応し，子どもの発声を意味づけるとともに，それに対する回答を与えたりします（**コラム2.1**参照）。そこでは，指差し行動，

コラム2-1　三項関係における指差し行動・発声と養育者の反応

　私の娘も，ちょうど9カ月の頃，何かに関心を向けるたびに，「あ，あ，あ」と言いながら，そっちのほうを指差しました。それに対して，私は「ワンちゃんだね，かわいいね」「ブランコで遊んでるね，楽しそうだね」「もっとほしいの？」などと反応したものでした。指差しではなく，部屋のどこかで見つけた物をもってきて，「あ，あ，あ」と言って差し出すことも多く，私は「お人形さんだね，遊びたい？」「ゴミだね，捨てないとね」「ラムネ，食べたいの？」などと応答し，一緒に遊んだり，一緒にゴミ箱に捨てに行ったり，ラムネの包みを破って食べさせたりしました。自分の手や足を差し出して，「あ，あ，あ」と言うこともあり，「痛いの？」「ベタベタしてるね」「色が付いちゃったね」などと応答し，痛いのが治るおまじないをしたり，ベタベタしてるところを拭いたり，クレヨンの汚れを拭き取ったりしました。

　こうしたやりとりを始終繰り返すことにより，物の名前を覚えたり，行動をあらわす言葉を覚えたり，自分の思いを伝える言葉を覚えたりしていきます。もちろん間違った表現や発音をすることもありましたが，こちらの反応に応じて即座に修正していく幼い子の能力に驚くこともありました。

発声，表情といった非言語的なコミュニケーションに養育者の側からの言語的コミュニケーションが加えられています。1歳前後の時期に指差し行動の多い子どもほど，その数カ月後に発する言葉の数が多いというデータもあり，指差し行動や共同注視といった養育者とのコミュニケーションが言語の獲得を促進するとみなすことができます。

　生後10カ月くらいになると，複数の音節を組み合わせた，あたかもおしゃべりをしているかのように聞こえるけれども意味のない発声がみられるようになります。そのような発声をジャーゴンといいます。それに対して，養育者が言葉や表情に気持ちを込めて応答します。

　こうしたやりとりを積み重ねることで，子どもは自分の関心や気持ちをあらわす言語を獲得していくのです。

2.2　言語の獲得

2.2.1　初語から2語文へ

　1歳くらいになると，何を言っているのかはっきりとわかる意味のある言葉を口にし始めます。最初に口にし始める言葉を初語といいますが，典型的なのは食べ物を意味する「まんま」です。初語があらわれる時期については個人差がありますが，概ね生後10カ月から1歳を過ぎる頃とされています。

　1歳になると，このような言葉を1つだけ発することが頻繁になりますが，1つの単語で文として機能するものを1語文といいます。「まんま」，自動車を意味する「ブーブ」，イヌを意味する「ワンワ」，花を意味する「お花」，寝ることを意味する「ネンネ」などが1語文に相当します。1語文には多様な意味がありますが，それを養育者が共感的に解釈して反応することで，言語の機能が発達していきます（コラム2-2）。

　生後1歳半から2歳くらいになると，2語文を口にするようになります。「これ，ブーブ」「あっかい，ブーブ」のように言いながら自動車のオモチャを差し出したり，「ワンワ，かわいい」「ワンワ，ネンネ」と言ってイヌを指差したり，「お花，いっぱい」「お花，きれい」と言って花を指差したりするように

コラム2-2　1語文の含意とそれをめぐる養育者とのやりとり

「まんま」＝（含意の例）「まんま，ちょうだい」「まんま，おいしい」
　　→（養育者の反応の例）「まんま，ほしいの？」「まんま，おいしいね」
「ブーブ」＝「これ，ブーブ」「ブーブ，いいでしょ」
　　→「ブーブだね」「ブーブ，かっこいいね」
「ワンワ」＝「ワンワ，いる」「ワンワ，ほえてる」
　　→「ワンワいるね」「ワンワ，ほえてるね」
「お花」＝「お花，さいてる」「お花，きれい」
　　→「お花，さいてるね」「お花，きれいだね」

なります。さらには，「まんま，たい」（まんまを食べたいという意味），「まんま，ないない」（まんまを食べたくないという意味）のように要求や意思表示を２語文で伝えることもできるようになります。

2.2.2　語彙の爆発

　当初は言葉は少しずつ増えていきますが，生後１歳半くらいから語彙数が急速に増え始め，２歳を過ぎる頃には急激に語彙数が増加します。これを**語彙の爆発**といったりします。この時期には，しきりに物の名前を尋ねたりします。この時期を**命名期**といいます。そして，１歳半頃にはわずか50語程度だったのが，２歳で200〜300語程度，３歳で1,000語程度と語彙数は飛躍的に増加し，簡単な日常会話には不自由しない程度のコミュニケーション能力を獲得します。その後も，４歳で1,500語程度，５歳で2,000語程度，６歳で4,000語程度というように語彙数は急激な増加を示します（**図2-1**）。

　このような語彙数の急増と並行して，２歳を過ぎる頃から，２語文から多語文への発達がみられるようになります。こうして発話の語数が増えていき，しだいに多くの語を含む長い文の発話ができるようになっていきます。

2.2.3　育児語の役割

　養育者が乳幼児に話しかけるときには，大人同士の会話で用いる言葉とは異なる独特な言葉を用いることが多いものです。たとえば，養育者が自動車のことを「ブーブ」と言ったり，食べ物のことを「まんま」と言ったり，寝ることを「ネンネ」と言ったりします。そのような違う言葉で言い換えるだけでなく，「おいしいですね」を「おいちいでちゅね」，「痛くないですよ」を「いたくないでちゅよ」，「ないですよ」を「ないない」と言ったりします。このような言葉のことを**育児語**とか対乳児発話，対幼児発話などといいます。ブルックスとケンペ（2012）は，このような育児語には**表2-1**のような３つの役割があるといいます（小椋たち，2019）。それを踏まえて小椋たち（2019）は，生後9，12，14，21，24カ月児の母親の子どもに対する発話の語彙面の特徴と，生後33カ月時点における子どもの言語発達の関係を検討しています。その結果，

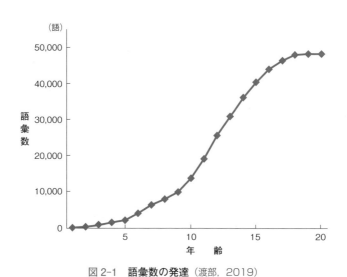

図 2-1　**語彙数の発達**（渡部，2019）

表 2-1　**育児語が担う役割**（ブルックスとケンペ，2012；小椋たち，2019 より作成）

①情緒的に友好的なコミュニケーションを深める。

②子どもの覚醒状態や行動をコントロールする。

③乳児が言葉を獲得しやすくするための足場づくりとなる。

生後 14 カ月時点での母親の育児語が 33 カ月時点での子どもの成人語表出語数を予測する，つまり，生後 14 カ月時点で母親が育児語をよく使用するほど，生後 33 カ月時点で子どもが話す成人語の数が多いことがわかりました。生後 14 カ月というのは，子どもが言葉とそれが指す対象の結びつきを理解し始める時期であり，その時期に養育者が育児語を用いることが，子どもが言葉とそれが指す対処との結びつきを学習する助けになり，やがて成人語の獲得をも後押しすると考えることができます。

2.3　読み書き能力の発達

2.3.1　読書能力の発達

　読書ができる前提として，最低限ひらがなが読める必要があります。ひらがなを読む能力の発達に関しては，島村・三神（1994）が幼児を対象とした調査を行っています。それによれば，ひらがな 46 文字の平均読字数は 3 歳児 14.0 文字（30.4％），4 歳児 34.7 文字（75.4％），5 歳児 43.8 文字（95.2％）でした。ひらがなを 4 歳児は大半が読むことができ，5 歳児はほとんどが読めることがわかります（表 2-2）。花房（2020）が幼稚園年長児を対象に実施した調査でも，ひらがな同定検査の中央値は 40 点満点中 38 点であり，これは 95.0％に相当し，島村・三神（1994）の報告による 92.8％に近似する数値となっていました。

　では，子どもはいったい何歳くらいから本を読めるようになるのでしょうか。それには大きな個人差があるので，一概に何歳頃とはいえませんが，読書能力には発達段階というものが想定されており，それが一応の指標になります（表 2-3）。それによれば，3 歳までは，話し言葉でコミュニケーションをしている段階で，絵本に興味を示すがまだ読書はできず，**前読書期**とされます。4〜5 歳は読み聞かせをせがんだり，字の読み方を尋ねたりしながら，徐々にひらがなが読めるようになる時期で，**読書入門期**とされます。6〜8 歳は，簡単な文章を一人で読み始め，しだいに語彙が増え，知らない言葉も文脈から推測して読み進められるようになる時期で，**初歩読書期**とされます。そして，9〜12 歳

表 2-2　**年齢別ひらがなの平均読字数**（島村・三神，1994 より作成）

読めるひらがなの数の平均		
3 歳児	14.0 文字	（30.4%）
4 歳児	34.7 文字	（75.4%）
5 歳児	43.8 文字	（95.2%）
	46 文字を 100% とする。	

表 2-3　**読書能力の発達段階**（文部科学省，2018 を要約し改変）

年齢	読書能力
0〜3	**前読書期**：文字の存在を意識，絵本に興味を示す。
4〜5	**読書入門期**
4	**①読みのレディネス促進期**：読み聞かせをせがむ，文字の読み方を尋ねる。
5	**②読書開始期**：かな文字が全て読めるようになる，拾い読み。
6〜8	**初歩読書期**
6	**①独立読書開始期**：簡単な文章をひとりで読み始める。
7	**②読書習慣形成期**：本を読む習慣がつき始める，語彙が増える。
8	**③基礎読書力熟成期**：初歩の読書技術が身につく，本を読み通せるようになる。
9〜12	**多読期**
9〜10	**①無差別多読期**：自発的に何でも読むが本の選択は不十分，読解力が高まり読みの速度が急速に早まる。
11〜12	**②選択的多読期**：語彙が飛躍的に増加，好みの本を選択できるようになる。

は，語彙量が飛躍的に増加し，読解力も高まり，さまざまな本を自由自在に読めるようになる時期で，**多読期**とされます。

2.3.2　読書と知的発達の関係

　読書と知的発達の間に正の相関関係があることが，多くの調査データによって示されています。国立青少年教育振興機構が2012年に実施した調査によれば，中高生に関して，子どもの頃に本や絵本を読んだ経験が豊かな者ほど，読書が好きであり，1カ月に読む本の冊数が多く，また1日の読書時間が長いという結果となっています。さらに，子どもの頃の読書活動が多いほど，社会性が高く，意欲・関心が強く，論理的思考能力が高い，などといった傾向を示すデータが得られています。さらには，そのような傾向は，就学前から小学校低学年の頃に，絵本をよく読んだ者ほど顕著であり，また自分では本を読めないそうした年頃に家族から本や絵本の読み聞かせをしてもらったり昔話を聞かせてもらったりしたことの多い者ほど顕著であることが示されました（**表2-4**）。なお，子ども時代の読書活動というのは，**表2-5**のような項目によって測定されました。邑上・安藤（2020）は，小学校5・6年生を対象とした調査において，読書活動体験や読み聞かせを受けた体験の多い子どものほうが少ない子どもよりも学校生活スキルが高いことを報告しています。

　読書によって知的発達が促進されることを裏づける知見として，読書によって語彙力が高まるということがあります。読書量が多いほど語彙力が高いということは，多くの研究によって示されています。たとえば，小学校高学年の児童を対象にした研究でも，就学前の幼児を対象とした研究でも，読書量の多い子ほど語彙力が高いことが示されています（カニンガムとスタノヴィッチ，1991；モルとバス，2011）。本を読むということは，多くの言葉に触れることでもあり，読書によって多くの言葉に触れている子と，読書をあまりせず言葉に触れる機会の少ない子では，獲得している言葉の数が違って当然といえます。

　もっと年少の2歳前後の幼児になると，自分で読書することはできません。その場合は，本をよく読むかどうかというより，読み聞かせをよくしてもらっているかどうかが問題となります。読み聞かせの効果に関しても，多くの研究

表 2-4　**読書の効果**

中高生（国立青少年教育振興機構, 2013）
　　子どもの頃に本や絵本を読んだ経験が豊かな者ほど
　　　　読書が好き，1 カ月に読む本の冊数が多い，1 日の読書時間が長い。
　　子どもの頃の読書活動が多い者ほど
　　　　社会性が高い，意欲・関心が高い，論理的思考能力が高い。

　　　　以上のような傾向は，
　　　　　　• 就学前から小学校低学年の頃に絵本をよく読んだ者ほど顕著。
　　　　　　• 家族から本や絵本の読み聞かせをしてもらったり昔話を聞か
　　　　　　　せてもらったりしたことの多い者ほど顕著。

小学校 5・6 年生（邑上・安藤, 2020）
　　読書活動体験や読み聞かせを受けた体験の多い子どものほうが少ない子ど
　　もよりも学校生活スキルが高い。

表 2-5　**子ども時代の読書活動**（国立青少年教育振興機構, 2013）

　　　　　家族から昔話を聞いたこと
　　　　　本や絵本の読み聞かせをしてもらったこと
　　　　　絵本を読んだこと
　　　　　本を読んだこと
　　　　　マンガを読んだこと
　　　　　地域の図書館で本を借りたこと
　　　　　地域の図書館で調べ物をしたこと

が行われていますが，そうした諸研究によれば，読み聞かせを始めた時期が早いほど，また読み聞かせの頻度が多いほど，語彙力が高いといった傾向がみられます（ダンストたち，2012）。

　読書量と語彙力の関係については多くの調査研究が行われていますが，幼児期から児童期の子どもを対象とした研究をみても，中学生や高校生を対象とした研究をみても，大学生や大学院生を対象とした研究をみても，どの年代でも一貫して読書量の多い者ほど語彙力が高いといった傾向が示されています。

　文章を理解するには語彙力と共に読解力も求められます。読解力に関しても，読書量が多いほど読解力が高いということが多くの調査研究によって示されています。猪原たち（2015）が小学１年生から６年生までの児童を対象に実施した調査においても，読書時間や読書冊数，学校の図書室からの図書貸出数などから測る読書量が多いほど，語彙力も読解力も高いことが示されています（表2-6）。澤崎（2012）は，大学生を対象とした調査において，子どもの頃から現在までの総読書量が文章理解力と関係していることを見出しています。さらに澤崎（2018）は，高校時代や大学時代の読書量より，小中学校時代の読書量のほうが，大学生の単文の読解力に強く関係していることを見出しています。

　自分では本を読めない幼児期における親による読み聞かせが，子どもの読解力を高めることもわかっています。たとえば，セネカル（2006）は，幼児期から小学校中学年まで追跡調査を行い，幼児期に親からよく読み聞かせをしてもらった子どもは，あまり読み聞かせをしてもらわなかった子どもよりも，小学4年生になったときに読解力が高いことを見出しています。

2.3.3　絵本の読書行動の発達

　子どもが自分で本を読めるようになるには，読解力以前に，字が読める必要があります。幼児向けの絵本の文章には漢字は使われていないし，小学校低学年向けの絵本では簡単な漢字を使うとしてもふりがなを振ってあります。そのため，最低限ひらがなが読めれば，絵本を自分で読むことができます。ただし，楽しそうに絵本を見ているからといって，必ずしもひらがなが読めているわけではありません。**絵本の読書行動にもいくつかの発達段階があるのです。**

表 2-6 **読書時間，読書冊数，図書貸出数と語彙力，文章理解力の相関**
（猪原たち，2015 を部分的に要約）

		読書時間	読書冊数	図書貸出数
語彙力	1・2年	.02	.27**	.35**
	3・4年	.26**	.25**	.41**
	5・6年	.20**	.05	.13
文章理解力	1・2年	−.02	.24**	.27**
	3・4年	.22**	.24**	.44**
	5・6年	.20**	.12	.24**
			*$p<.05$	**$p<.01$

　大まかに言うと，３歳までは絵本を楽しむ時期といえます。絵を見て楽しむ段階では，個々の絵を断片的に楽しんでいるのであって，物語の流れを追っているわけではありません。つぎに，絵をもとに勝手なお話を語って楽しむ段階があります。そして，４歳くらいから文字を読むという意味での読書が始まります。はじめのうちは，「これ，なんて読むの？」「これ，なんていう字？」などと親に尋ねながら，文字を覚えていきます。まだ自分ではちゃんと読めないので，親に「読んで」とねだったりします。そうしているうちに徐々に読書能力が身についていきます。文字が多少とも読めるようになると，絵ばかりでなく文字にも関心を向けるようになり，読める文字を詰まりながらも一所懸命に読み，読めない文字は無視したり，大人に聞いたりする段階に到達します。読める文字が増え，読むことにも習熟してくると，一人で読んで楽しめるようになります。５歳くらいになると，ひらがなはすべて読めるようになるので，絵本なら文字も読みながら一人で楽しめるようになります。６歳くらいになると，絵本でなくても，ひらがなで書かれたやさしい本なら一人で読めるようになります。そして，７歳くらいからが読書習慣を形成する時期とみなされています。

　秋田たち（1995）は，幼児が絵本をどのように読むかを調べるための研究において，幼児に絵本を読みながら説明してもらい，読み方の変化をたどっています。その際，文字に反応するか，絵に反応するかをチェックするとともに，文字に反応する場合も，拾い読みするか，文節読みするかをチェックしました。拾い読みとは，１文字１文字たどたどしくバラバラに読むことです。「ことり」とか「しんかんせん」というように意味のあるまとまりごとに固めて読むのではなく，「こ・と・り」「し・ん・か・ん・せ・ん」のように１文字ずつ切り離してたどたどしく読むことを指します。文節読みというのは，意味のあるまとまりごとに固めて読むことです。拾い読みの段階では本に書かれている物語の内容を自力で理解するのは難しいのですが，文節読みができれば自分で読んで理解できるようになります。

　結果をみると，幼稚園の年少児は，拾い読みも文節読みもできず，ほとんどの子が絵のみに反応しました。年中児では，２割が文節読み，４割が拾い読みをし，３割が文字には反応せず絵のみに反応していました。年長児では，４割

表 2-7　**年齢別の読み方パターン**（秋田たち，1995 を部分的に要約）

	文字反応		絵反応	無答その他
	文節読み	拾い読み		
年少群（19 人）	0 （0%）	1 （5%）	14（74%）	4（21%）
年中群（54 人）	9（17%）	21（39%）	17（31%）	7（13%）
年長群（56 人）	24（43%）	18（32%）	12（21%）	2 （4%）

が文節読み，3割が拾い読みをし，2割が文字には反応せず絵のみに反応していました（表2-7）。

　絵に反応する段階から文字に反応する段階への移行は，月齢よりも読字能力が関係していました。具体的には，ひらがなを半分くらい習得した頃から文字に反応し，字を読もうとし始めることがわかりました。そして，40文字以上習得すると文節読みをする子が多くなります。6～39文字の段階では文節読みをする子は皆無で，拾い読みをするか絵に反応するだけでした。5文字以下の段階では，絵に反応するだけで，文字を読もうとする子はいませんでした（表2-8）。

　こうした傾向をみると，年中になると，多くの子がひらがなを読めるようになり始めることがわかります。ただし，ひらがなが読めるため文字に関心を示すようになるものの，まだ拾い読みの段階の子が多いことがわかります。その場合は，大人の補助がないと物語の内容まではなかなか理解できません。年長になると，文節読みができる子が増えることから，ひらがなの習得が急速に進んでいくことがわかります。文節読みができる子は，自力で物語の内容を理解できるようになりますが，まだ半数に達しません。そして，小学校入学直前の年長の冬になると，7割の子が文節読みができるようになります。

2.3.4　文字を書く能力の発達

　島村・三神（1994）は，ひらがなを読む能力だけでなく，書く能力の発達についても調べています。その結果，ひらがな46文字のうち，3歳児は3.7文字（8.0％），4歳児は15.9文字（34.6％），5歳児は31.6文字（68.7％）を読むことができました。読む能力に関しては，4歳児で大半が読め，5歳児はほとんどが読めるのに対して，書く能力に関しては，4歳児ではまだ3分の1程度しか書けず，半分以上書けるようになるのは5歳になってからだということがわかります（表2-9）。花房（2020）は，ひらがなの同定は幼稚園年長児で95.0％が可能になるのに対して，ひらがなを書く課題ができる子の比率が95.0％に達するのは小学2年生であることを報告しています。

表 2-8 **読字数と読み方パターン**（秋田たち，1995 を部分的に要約）

	文字反応		絵反応	無答その他
	文節読み	拾い読み		
読字水準				
5 文字以下	0（0%）	0（0%）	33（70%）	14（30%）
6〜39 文字	0（0%）	19（46%）	16（39%）	6（15%）
40 文字以上	136（54%）	96（38%）	14（6%）	5（2%）

表 2-9 **年齢別ひらがなの平均書字数**（島村・三神，1994 より作成）

読めるひらがなの数の平均		
3 歳児	3.7 文字	（8.0%）
4 歳児	15.9 文字	（34.6%）
5 歳児	31.6 文字	（68.7%）
	46 文字を 100%とする。	

2.4 **認知の発達と言語の内面化**

　言語能力の発達には，語彙数の増加や文法構造の習得だけでなく，認知能力の発達も大いに関係してきます。第3章で取り上げる自己中心性からの脱却という意味における認知能力の発達も，コミュニケーションとしての言語発達に影響します。たとえば，相手の気持ちに共感できるようになったり，相手の立場を想像できるようになることで，相手が口にする言葉の意味がわかるようになります。

　このような言語能力の発達には，養育者など周囲の大人の働きかけが大きく作用します。その大人の話しかけてくる言葉や話し方を真似るということに加えて，その大人との気持ちの交流を背景とした言葉のやりとりが，重要な意味をもってきます。

　そして，幼児期には，言語がコミュニケーションの道具として機能するだけでなく，思考の道具としても機能するようになってきます。いわば，コミュニケーション言語に対する思考言語の誕生です。その際，ヴィゴツキー（1934）は，外言と内言を区別し，独り言に着目します。**外言**というのは，他者に向けて発せられる言葉で，いわゆるコミュニケーションの道具としての言語です。一方，**内言**というのは，自分の内面で発せられる言葉で，いわゆる思考の道具としての言語です。そして，**独り言**は内言の機能を担いながらも，まだ内言が確立されていない段階であるため外言の形をとっているのだとみなします（藤永，1995；神谷，2019）。自分が考えていることをいちいち口に出す独り言を聞いていると，たしかに心の中の思考過程を言語化したものといえます。このような独り言がやがて内面化され，内言となって思考の道具として機能し，自己内対話が盛んに行われるようになり，しだいに豊かな内面生活が出来上がっていきます。

認知の発達

3.1 ピアジェの発達段階論

3.1.1 同化，調節，均衡化

　知的発達段階論の代表的なものとして，ピアジェの発生的認識論があります。発達段階論の有用性は，子どもの発達段階に応じた教育的働きかけをするためのヒントが得られるところにあります。

　ピアジェは，物事をとらえる枠組み，つまり認識の枠組みのことをシェマ（図式）と呼び，その発達を同化と調節という 2 つの心の働きによって説明します。同化というのは，自分がもっている認識の枠組みを環境に押しつけること，言い換えると，すでにもっている認識の枠組みに従って対象を理解しようとすることです。一方，調節というのは，環境条件に合わせて自分を変えること，言い換えると，すでにもっている認識の枠組みが通用しないとき，対象に合わせて認識の枠組みを修正することです（コラム 3-1）。そして，同化と調節のバランスを保つことを均衡化といいます。つまり，均衡化とは，「子どもが自身のもつ既得の知識や信念の体系と現在の諸経験からくる結論との間に背反と葛藤を感じ，それを反省することによって新しい統合的解決を得ること」（藤永，1995）です。

3.1.2 4 つの発達段階

　ピアジェは，認知発達をとらえるにあたって，感覚運動期，前操作期，具体的操作期，形式的操作期の 4 つの発達段階を設定しています（表 3-1）。

1. 感覚運動期

　感覚運動期は，言語や表象をもたないため，今ここにある世界を生きており，言語や表象を介さずに刺激に対して反応している段階です。表象というのは，目の前にない事物を思い浮かべる心の作用です。この時期には，概念ではなく行動によって知的活動を行っています。

　表象が可能になるにつれて，目の前にないものについても頭の中で思い浮かべることができるようになっていきます。たとえば，対象の永続性の概念を獲得することがこの段階の課題の一つとみなされます。バウアー（1971）は，生

コラム3-1　同化と調節

「たとえば子どもが，昆虫という自分なりの概念を持っていると
するとトンボもちょうも昆虫だと，かぶと虫も昆虫だと，子どもは，
こんなふうに同化していくわけなんですね。自分の持っている概念
にあてはまるものを同化していって，それを昆虫だと認めているわ
けです。しかしいつでもそれでいけるかといいますと，そうとはい
かないので，たとえば蟻を先生から見せられた。その子は，昆虫と
いうものは，小さくて羽があって飛ぶものだという概念を持ってい
る。すると蟻は昆虫としては同化できない。しかしこんどは羽の生
えている蟻をみせられると羽が生えていて飛ぶのだから同化するわ
けですね。しかしそうなっていきますと，蟻の中で昆虫であるもの
と，昆虫でないものがでてくるわけですから，またおかしなことに
なってくる。いろいろやっている間に，こんどは昆虫には羽のない
ものもいる。あるいは，羽を持っているかどうかということは，必
らずしも昆虫のきめてになるとは限らないということに気づく。そ
うすると子どもは，それまでに自分がもっていた昆虫という概念を
作りなおしていかなくてはならないわけです。そこで昆虫の概念を
作りなおしたら，蟻もすぐ昆虫として，同化できるわけです。この
自分の概念の作りなおしが調節です。
　このように同化していって，同化しきれないと調節が起こってそ
れでもって，また新たな同化が起こる。」
（岡本夏木「ピアジェの知能の発生的段階説」村井潤一（編）『発達
の理論』ミネルヴァ書房，所収）

後20日，40日，100日の赤ん坊を対象に，永続性の概念をもっているかどうかを確かめる実験を行っています。その結果，生後20日の赤ん坊は，15秒間隠されていた物が再び出現すると驚きますが，それが消失しているときにはあまり驚きません。一方，生後100日の赤ん坊は，15秒間隠されていた物が再び出現するときはあまり驚きませんが，それが消失していると驚きます。ここから，生後20日から100日の間に対象の永続性の概念が徐々に獲得されていくことがわかります。

　ただし，乳児期に獲得された永続性の概念が，幼児期になると揺らぐことが多くの実験によって示されています（ベイラージョン，1986；北田，2016；大田たち，2010；富田，2009；ウィン，1992）。たとえば，富田（2009）は，コップを布で覆い，布を取り除くとコップが消えているといった手品を見たとき，5歳児や6歳児は驚くのに4歳児はあまり驚かないことを見出しました。また，大田たち（2010）は，箱の中のぬいぐるみが消えたとき，6歳児は驚くのに4歳児はあまり驚かないことを見出しています。北田（2016）によると，衝立の向こう側に人形が2つあるはずなのに衝立を下げたら1つしかなかったとき，4歳児よりも6歳児のほうが驚き不思議に思っているようでした。

　このように幼児期前期に永続性の概念が揺らぐ理由として，幼児が絵本などを通して空想の世界を心に中にもつようになることが関係していると考えられています。

2. 前 操 作 期

　前操作期になると，表象が可能になり，ある物で別の物を象徴することもできるようになります。ごっこ遊びができるようになるのも，そうした知的機能の発達によるものといえます。

　この段階の思考は，自己中心性という言葉で特徴づけられます。ピアジェは，三つ山問題を用いて，この段階の自己中心性の様相を説明しています。この段階のはじめのうちは，自分の視点しかとることができないため，自分とは異なる位置にいる他者からどう見えているかを想像することができません。

　この他に，この段階の子どもの特徴として，保存の概念をもたないということがあります。たとえば，図3-1の容器1と容器2は同じ形で，それぞれに

表 3-1　ピアジェの認知発達段階

発達段階	年齢の目安
感覚運動期	0〜 2 歳
前操作期	2〜 7 歳
具体的操作期	7〜11 歳
形式的操作期	11〜15 歳以降

同じ量の液体が入っています。容器2の液体を細長い容器3に子どもの目の前で移し，容器1と容器3のどちらの液体が多いかを尋ねます。すると，この段階の子どもは容器3のほうが多いと答えます。高さが高くなったから量が増えたと思ってしまうのです。ゆえに，量の保存の概念の獲得が課題となります。

また，同じ数のおはじきを2列に並べてあり，目の前でそのうちの1列の間隔を広げ，どちらのおはじきが多いかを尋ねると，この段階の子どもは長くなった列のほうが多いと答えます（図3-2）。ここでは数の保存の概念の獲得が課題となります。

3. 具体的操作期

具体的操作期になると，概念的操作ができるようになり，他者の視点を想像するなど，自己中心性から脱却していきます。それに伴い，量や数の保存の概念を獲得するようになります。つまり，形が変わっても量が変わらないことや，列の長さが変わっても数が変わらないことを理解します。

また，この時期になると，論理的思考ができるようになり，系列化や分類の課題に成功するようになります。系列化というのは，たとえば長さの違う棒を長い順に並べたり，大きさの違うビー玉を小さい順に並べたりすることです。分類というのは，たとえば色と形の違う図形を色で分類したり，形で分類したり，より複雑になると色と形を組み合わせて分類したりすることです。

ただし，論理的に考える対象は現実に存在する具体的な物に限られ，言語のみによる抽象的思考はまだできません。

4. 形式的操作期

形式的操作期になると，仮説的な概念的操作ができるようになり，抽象的な論理的思考が可能になります。

思考の内容と形式を分離し，形式のみに関して抽象的に考えることができるようになるのが，この段階の特徴といえます。たとえば，推移的推論ができるようになり，「ネズミはヒトよりも大きい」と「ヒトはクマよりも大きい」という2つの仮説的な前提を踏まえて，「ネズミはクマよりも大きい」という判断ができるようになります（林，2020）。現実の世界では，ネズミはクマよりも小さいので，具体的操作期の段階にある子どもは，この課題に失敗しますが，

図 3-1　量 の 保 存

図 3-2　数 の 保 存

形式的操作期になると，このような現実的にあり得ない仮説に合わせ，形式論理によって課題を解決することができます（図 3-3）。

　この段階になると，現実にない可能性の世界についてあれこれ考えたりすることができるようになり，どんどん複雑な概念的操作ができるようになっていきます。また，具体的な事物から離れた抽象的な思考もできるようになります。思春期になると内面的世界が広がり，自分の世界に浸るようになるのも，形式的操作が可能になるからです。「どう生きるべきか」「自分らしさって何だろう」「友だちと自分はどうしてこんなに感受性が違うんだろう」「なぜこっちの気持ちがうまく伝わらないんだろう」「どうして自分は人前に出るとおどおどしてしまうんだろう」などといった抽象的な問題をめぐってあれこれ思い悩むようになるのも，形式的操作が可能となり，さまざまな概念的操作が行われるようになるからです。

3.2　ヴィゴツキーの発達理論

3.2.1　発達の最近接領域

　知的な発達について考える際には，私たち人間が社会的存在であるということを前提とする必要があります。人との間を生きる存在であるということは，価値観など人間性の形成だけでなく知的発達にも関係しています。すなわち，私たちは個として閉じた形でいろんなことを学ぶわけではなく，他者とのやりとりの中で刺激を受け学習していく側面があるのです。

　そこで参考になるのは，ヴィゴツキーによる発達の最近接領域というとらえ方です。ヴィゴツキーは，発達水準を 2 つに分けてとらえました。一つは，子どもが 1 人で課題を解決できる水準，いわば現実の発達水準です。もう一つは，親や教師などの大人，先輩などの年長者，あるいは能力の高い友だちなど，自分より発達している他人からヒントを得ることで課題を解決できるようになる水準で，いわば潜在的な発達水準です。この両者の間の領域が発達の最近接領域です（コラム 3-2）。

2つの仮説
 「ネズミはヒトよりも大きい」
 「ヒトはクマよりも大きい」

【課題】
 「ネズミはクマよりも大きい」という判断は正しいか，正しくないか。

 このようなことは現実にはあり得ないため，具体的操作期の子どもは解決困難。

 現実にあり得なくても，形式的操作期の子どもは，
 「A＞B」かつ「B＞C」ならば「A＞C」
 といった形式論理に従って解決できる。

図 3-3　**形式論理による課題解決**（林，2020 をもとに作成）

3.2.2 足場かけ

この発達の最近接領域を刺激し，潜在的な発達水準が現実の発達水準になっていくように支援するのが教育の役割といえます。潜在的な発達水準が現実の発達水準になると，それより少し上に新たに潜在的な発達水準があらわれます。そこで，今度はその水準を目指して，発達の最近接領域に働きかけていくことになります。このような教育的働きかけによって，現実の発達水準が高まり，それによって潜在的な発達水準が高まるといったことが繰り返されていきます。

このように指示や質問などによって知的発達を支援することを足場かけといいます。足場かけによってできるようになったら，徐々に1人でできるように支援の仕方を調整していくことになります。足場かけをうまく行うには，子どもの2つの発達水準を見極める必要があります。ただし，2つの発達水準共に個人差が非常に大きいため，同じような教育的働きかけを行っても，その効果は個人によって違ってきます。それが教育の難しいところです。

ヴィゴツキーは，遊びが発達の最近接領域を刺激し，2つの発達水準を高めるとしましたが，身近な年長者や友だちとの遊びだけでなく，視聴する子どもたちを遊びに巻き込む『おかあさんといっしょ』や，1973年に始まり45年の歴史に終止符を打った『ポンキッキ』シリーズなどの教育番組も，発達の最近接領域を刺激する役割を担うものといえるでしょう。

3.3　知能のとらえ方

知能とは，賢さとか頭の良さを意味する概念ですが，その定義は研究者によりさまざまです。このことは，知能というもののつかみどころのなさを示しています。頭の良い人，頭の悪い人といったイメージにはある程度の共通点があるものの，それを正確に定義するのは難しいようです。さらには，いずれかの定義を採用したとしても，測定方法によって結果が違ってくるということもあります。そのような事情もあり，知能のとらえ方はさまざまに変遷してきました。

コラム3-2　発達の最近接領域

　「ヴィゴツキーが活躍しました当時，すでに知能テストが盛んに行われていたのですが，彼はこのテストに関して次のようなことを言っています。今2人の子どもに知能テストをやり，同じIQだったとします。そこで今度は2人の子どもに，各々出来なかった問題を大人がヒントを与えたり，助けたりしながらやらせてみるということをしますと，2人の間には違いが出てきます。例えばAの子どもは7歳半ぐらいまでやれたが，Bの方は9歳ぐらいの問題まで出来たというように開きが出たとします。この場合，2人の子どもの発達水準はIQだけによって同程度だといってしまってよいのだろうかというふうに彼は疑問を出しているのです。

　彼が何故このような問題をとりあげたかといいますと，発達にとって教育的働きかけというものが非常に大事であり，またその働きかけは子どもの発達水準を無視して行われたのでは効果が上がらないのでして，子どもがどういう水準にあるかを見究め，それに応じた働きかけをせねばならないということが重要なこととして考えられていたからです。」

　「（前略）子どもが，今日大人の助けを受けてできた事は明日独力でできるようになる事に他ならないのだ，というように主張し，模倣や大人からの助けなどによって可能になる領域のことを，その子どもの最も近い発達の領域という意味で『発達の最近接領域』と呼んだのです。そして教育というものは子どもに『発達の最近接領域』を作り出すものだというように述べています。」

（守屋慶子「ソビエトの発達心理学」村井潤一（編）『発達の理論』ミネルヴァ書房，所収）

3.3.1　知能の2因子説と多因子説

　スピアマン（1904）は，各教科の成績に相関があることから，あらゆる教科の成績に共通して作用する一般的な能力因子があるとみなし，これを**一般知能因子**としました。それに対して，各教科ごとの成績に独自に作用する領域固有の能力因子があるとみなし，これを**特殊知能因子**としました。

　こうして，知的能力の全般的な水準を示す一般知能因子と各領域に固有な能力水準を示す特殊知能因子に分けて知能をとらえようとする**知能2因子説**が提唱されました。

　サーストン（1938）は，スピアマンが対象とした教科数よりもはるかに多くの課題ごとの成績について因子分析を行いました。その結果，空間，数，言語，記憶，推論，知覚，語の流暢さという7つの因子を抽出しました。

　こうして，一般知能因子を仮定せず，知能は領域固有の7つの因子からなるとする**知能多因子説**が提唱されました。これは，あらゆる能力に共通して作用する一般知能因子を仮定する考え方に対して，知能は領域ごとに異なる能力群からなるとする考え方といえます。

　知能2因子説と知能多因子説のイメージは**図3-4**のようになります。

3.3.2　多様な知能のとらえ方

1. 成功するための知能

　スタンバーグ（1997）は，頭が良いとはどういうことかについて再考し，人生で成功するための知能というものを提案しています。スタンバーグは，成功するための知能として，分析的知能，創造的知能，実践的知能の3つをあげています（**表3-2**）。**分析的知能**とは，問題を分析し，解決策を検討するために必要な能力で，一般に知能検査によって測定されているのはこの能力に相当します。**創造的知能**とは，新たな発想を得るために必要な能力です。**実践的知能**とは，現実社会で直面する実践的な問題を解決するために必要な能力です。これらの能力を身につけ，うまく活用できる人が人生で成功するというわけです。スタンバーグの知能論は，従来の意味での知能の高い人物が必ずしも社会で成功しているわけではないことから，もっと実践的な能力も含めた知能論を提起

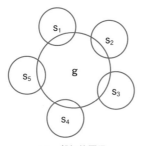

　　g：一般知能因子
　　s：特殊知能因子

　(1)　知能 2 因子説　　　　　　　　(2)　知能多因子説

図 3-4　知能 2 因子説と知能多因子説のイメージ

表 3-2　スタンバーグによる成功するための 3 つの知能

分析的知能	問題を分析し，解決策を検討するために必要な能力（知能検査によって測定される能力）。
創造的知能	新たな発想を得るために必要な能力。
実践的知能	現実社会で直面する実践的な問題を解決するために必要な能力。

したものといえます。

2. 多重知能理論

　ガードナー（1999）は，知能について，「情報を処理する生物心理学的な潜在能力であって，ある文化で価値のある問題を解決したり成果を創造したりするような，文化的な場面で活性化されることができるものである」と定義しています。そして，知能とは，「見えるものではなくて，潜在能力，おそらく神経的な潜在能力である」としています。

　ガードナーは，これまで知能としてとらえられてこなかった領域の能力まで範囲を広げ，多様な知能のとらえ方を提唱しています。ガードナーは当初，言語的知能，論理数学的知能といった従来の知能論の射程に入っていた能力の他に，音楽的知能，身体運動的知能，空間的知能などとくに芸術に関係するものを加え，さらに対人的知能，内省的知能といったガードナーが個人的知能と呼ぶものも加えて，7つの知能からなる**多重知能理論**を提唱しました。その後，ガードナーは，博物的知能と実存的知能を加え，9つの知能からなる多重知能理論に修正しています（表3-3）。

3. 知能観に反映される文化的背景

　計算が速いとか暗記力が優れているといった，いわゆる流動性知能（次節参照）中心の従来の知能観は，産業革命以後の欧米社会に適応するためのものなのではないかとする東（1989）は，知能というものは社会と深く結びついている概念であり，文化を考慮する必要があると言います。そして，「頭が良い」とはどういうことかという知能観に関する調査の結果を踏まえて，日本人の知能観では社会性がとくに重視されていることを指摘しています。

　知能が周囲から有能とみなされることと関係しているとするなら，日本のように人間関係が重視され，自己と他者が切り離されていない文化のもとでは，社会性，言い換えれば対人的能力が知能の中核に据えられるべきかもしれません。このように考えると，知能をどうとらえるかは，今後さらに探求すべき重要な問題といってよいでしょう。

表 3-3　ガードナーの多重知能理論

言語的知能……話し言葉と書き言葉への感受性，言語を学ぶ能力，目標を成就するために言語を用いる能力など。

論理数学的知能……問題を論理的に分析したり，数学的な操作をしたり，問題を科学的に究明したりする能力。

音楽的知能……音楽的パターンの演奏や作曲，鑑賞のスキルを伴う能力。

身体運動的知能……問題を解決したり何かを作り出したりするために，身体全体や身体部位（手や口など）を使う能力。

空間的知能……広い空間のパターンを認識して操作する能力。

対人的知能……他人の意図や動機づけ，欲求を理解し，その結果として他人とうまくやっていく能力。

内省的知能……自分自身の欲望や恐怖，能力も含めて，自分自身を理解し，そうした情報を自分の生活を統制するために効果的に用いる能力。

博物的知能……動植物など自分の環境に存在する多くの種を見分け，分類する能力。

実存的知能……宇宙の深奥に自らを位置づける能力であり，人生の意義，死の意味，物理的・心理的な世界の究極の運命，人を愛したり芸術作品に没頭したりといった深遠な経験など，人間的な条件の実存的特徴との関係に自らを位置づける能力。

3.4　知能の発達

3.4.1　加齢による発達的変化

　一般に，知能の発達は青年期をピークとし，それ以降は伸びることはなく，衰退の一途をたどるとみなされてきました。ところが，成人期になってからの知的な発達も捨てたものではないことがわかってきました。もっとも，そうでなければ実社会での年輩者たちの活躍を説明することができません。レーマンは，年齢と業績の関係を調べていますが，それによれば物理学者や数学者などの業績のピークは 35 歳頃であり，それ以降は緩やかに低下します。音楽家や画家は 30 代後半から 40 代にかけて最高の業績をあげますが，個人差が大きく，ピカソやミケランジェロのように老年期に第 2 のピークを迎える者もいます。作家では作品数のピークは 35〜45 歳頃ですが，その間ベストセラーを出す年齢は 45 歳頃が一番多くなっています（下仲，1990）。

　ホーンとドナルドソン（1980）によれば，意味のあるつながりのない単語のリストの単純な暗記のような課題に関しては，30 歳の時点ですでに成績が下がり始めていました。それに対して，文書や人の話といった言語情報の理解や語彙の理解のような課題に関しては，少なくとも測定が行われた 60 歳まで成績が伸び続けていました（田島，1990）。実社会で有能に働くには，計算の速さや暗記力よりも，人生経験や仕事経験によって生み出される知恵を働かせることが必要です。そこにある種の知能を想定すれば，それは人生経験の積み重ねによってどこまでも豊かに向上し続けていくと考えられます。

3.4.2　流動性知能と結晶性知能

　図 3-5 は知能の生涯にわたる発達をあらわしたものですが，ここでは知能は流動性知能と結晶性知能に分けてとらえられています。キャッテル（1963）は，知能を流動性知能と結晶性知能に分けてとらえる考え方を提唱しました。流動性知能というのは，新奇な状況に適応するのに必要となる能力，既存の知識では解決できない課題の解決に必要な能力のことで，単純な記憶力や計算力など作業のスピードや効率性が問われる課題，図形の並び方の規則性を見抜く

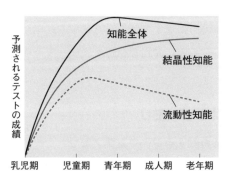

図 3-5　流動性知能と結晶性知能の発達的変化のモデル
（ホーン，1970 より一部改変；柏木，1996）

流動性知能……単純な記憶力や計算力など，作業のスピードや効率性が問われる
　　　　　課題の遂行に役立つ知能のこと。

結晶性知能……言語理解や経験的判断など，作業の質が問われる課題の遂行に役
　　　　　立つ知能のこと。

課題などによって測定される知能のことです。**結晶性知能**というのは，経験から学習することで身につけられた知識や判断力のことで，言語理解や一般知識，経験的判断に関する課題によって測定される知能のことです。

　流動性知能は，青年期にピークがあり，その後しだいに衰退していきます。一方，結晶性知能は，教育や文化の影響を強く受け，経験を積むことで成熟していくため，成人後も衰えることなく，むしろ年齢とともに上昇していき，老年期になってからも向上し続けます。ディアリ（2001）も，複数の研究結果をもとに，流動性知能は 30 代でピークを迎え，それ以降は衰退していくが，結晶性知能は老年期になってもあまり衰えがみられないとしています。このことは，経験が知能の発達を促進することを意味すると同時に，知能をどのようにとらえるかによって，知能に発達の様相も異なってくることを意味しています。

3.5　ワーキングメモリ

3.5.1　知的学習に貢献するワーキングメモリ

　知能が高いことが学業や職業上の成功につながるというのは多くの研究によって証明されていますが，ワーキングメモリが知能の個人差の 50 ％を説明するとされています（イングルたち，1999；ケインたち，2005）。そこで，ワーキングメモリは学習活動に大きな影響をもつと考えられます。実際，ワーキングメモリ課題の成績が良いほど知的能力に関係する課題の成績が良いことが証明されています（コンウェイたち，2003；コーワンたち，2005；ギャザコールたち，2003；ジャストとカーペンター，1992；近藤たち，2003；坪見，2019；ツボミとワタナベ，2017；表 3-4）。

　ワーキングメモリは，記憶の分類としては短期記憶に該当しますが，短期記憶がもつ重要な機能に着目する際に用いられる概念です。つまり，ワーキングメモリとは，何らかの認知課題を遂行中に必要となる記憶の働きを指す，機能的概念です（藤永，2013）。いわば，頭の中に情報を保持しながら何らかの課題遂行のために情報を処理する能力のことです。たとえば，作業の手順についての指示や注意事項を忘れて作業を行い，間違ったことをしてしまうような場

表3-4　ワーキングメモリ

ワーキングメモリ……何らかの認知課題を遂行中に必要となる記憶の働き。
　　　　　　　　　　頭の中に情報を保持しながら何らかの課題遂行のため
　　　　　　　　　　に情報を処理する能力のこと。

　ワーキングメモリが知能の個人差の50％を説明する
　　ワーキングメモリ課題の成績が良いほど知的能力に関係する課題の
　　成績が良い。

　　学業成績が良くない場合，ワーキングメモリの容量が関係している
　　ことがある。

合は，ワーキングメモリがうまく機能していないことが疑われます。

　ワーキングメモリは，国語や算数などの成績と関係することから，学習能力の基礎となっているとみなすことができます（アロウェイとアロウェイ，2010；ケイン，2006；ケインたち，2004；ラグバーたち，2010；スワンソンとハウエル，2001）。たとえば，アロウェイたち（2009）は，5〜11歳の子どもを対象とした調査に基づき，言語性ワーキングメモリの小さい子は学力も低いことを報告しています。

　ギャザコールとアロウェイ（2008）は，6〜7歳の子どもを対象として，国語や算数の成績とワーキングメモリの関係を検討しています。そこでは，各教科の成績をもとにして子どもたちを下位，平均，上位の3つのグループに分け，それぞれの言語的短期記憶と言語性ワーキングメモリの平均得点を算出しています。その結果をみると，言語性ワーキングメモリの得点は，学科の成績が低いグループほど低く，高いグループほど高くなっていました（図3-6）。この場合の言語的短期記憶は順行の数列の記憶課題，言語性ワーキングメモリは逆行の数列の記憶課題で測定されたものを指します。順列の数列の記憶課題というのは「2，5，3」と言われたら，そのまま「2，5，3」と答える課題，逆行の数列の記憶課題というのは「2，5，3」と言われたら，逆の順にして「3，5，2」と答える課題です。

3.5.2　ワーキングメモリの発達

　ワーキングメモリの発達については，ギャザコールたち（2004）が4〜15歳の幼児・児童・生徒の年齢に伴う発達的変化を調べています。そこでは，9種類のワーキングメモリ課題が用いられていますが，いずれにおいても年齢とともに成績は上昇していくことが確認されました。その結果をコーワン（2016）がグラフ化したのが図3-7です。

　図が示しているのは幼児期から青年期にかけてワーキングメモリが向上し続けるということですが，ワーキングメモリが流動性知能と関連が強いのであれば，青年期をピークに能力が低下していくと考えられます。実際，成人を対象とした諸研究によれば，ワーキングメモリの課題の高齢者の成績は若年者の成

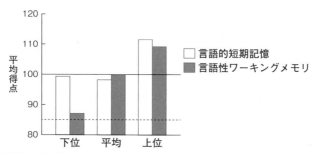

(1) 国語（＝英語）の学習到達度別に示した6，7歳児の言語的短期記憶と言語性ワーキングメモリ得点

横の直線は，この年齢の平均得点を示し，破線は85点を示します。

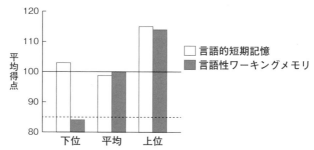

(2) 算数の学習到達度別に示した6，7歳児の言語的短期記憶と言語性ワーキングメモリ得点

横の直線は，この年齢の平均得点を示し，破線は85点を示します。

図3-6　成績別にみた言語的短期記憶と言語性ワーキングメモリ
（ギャザコールとアロウェイ，2008）

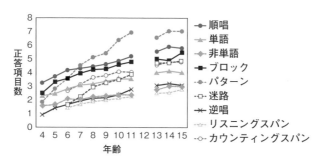

図3-7　さまざまなタイプのワーキングメモリ課題の成績の年齢的変化
（コーワン，2016；湯澤，2019）

績より明らかに悪くなっています（バサクとヴァーヘーゲン，2003；ボップと
ヴァーヘーゲン，2005）。また，高齢者を対象にした縦断研究においてワーキ
ングメモリ課題の成績が低下していくことが示されていますが（ハルチュたち，
1992；ウイルソンたち，2006），30〜36歳と55〜81歳の成人を対象とした縦
断研究により，高齢者に限らず成人期のはじめからワーキングメモリ課題の成
績が低下し続けることが示されています（ゼリンスキーとバーナイト，1997）。

　知能には遺伝が大きく関係しているとされますが，安藤（2018）によれば，
ワーキングメモリの個人差にも40〜50％の遺伝要因がかかわっています。た
だし，仮に遺伝によって50％が決まるとしても，残りの50％は環境によって
決まってくるわけなので，教育によってワーキングメモリを向上させることは
できるはずです。

　アンズワースたち（2014）は，ワーキングメモリと流動性知能の関係を検討
していますが，ワーキングメモリ機能の中でも流動性知能ととくに関係するの
は注意制御，容量，二次記憶の検索効率で，この3つの要因でワーキングメモ
リと流動性知能の関係の約80％が説明できることがわかりました。注意制御
とは，目標行動に関係する情報のみに注意を向け，不必要な情報を無視するこ
とです。容量とは，複数の情報に同時に注意を向けることができる記憶容量の
ことです。二次記憶の検索効率とは，ワーキングメモリ内に保持しきれない情
報を二次記憶＝長期記憶から上手に検索することです（坪見，2019）。こうし
た能力を鍛えることで，知的学習に貢献するワーキングメモリを向上させるこ
とができると考えられます。

感情の発達

4.1　感情の理解

　私たちは当たり前のように他者の感情を推測しながら人づきあいをしている
わけですが，いったい何歳くらいから他者の感情を理解できるようになるので
しょうか。

　幼児の感情理解の発達に関する多くの研究の成果によれば，幼児期のかなり
早い時期から他者の感情状態を理解できるようになるようです（アシアビ，
2000；キャロンたち，1982；ネルソンとドルジン，1985）。枡田（2014）は，
保育園の年中児・年長児を対象に，表4-1に示した5つの短い物語を読み聞
かせ，「太郎君（花子ちゃん）はこの時どんな気持ちだと思いますか」と尋ね，
自由に答えてもらうという実験を行いました。その結果，年長児のほうが正答
率が高くなっていました（表4-2）。

　ただし，他者の感情というのは，現実の人間関係においては，表情や声の調
子によって判断することが多いと思います。そこで，表情や声の調子から感情
を判断する能力の発達がどうなっているのかを知る必要があります。

4.1.1　表情があらわす感情の理解の発達

　喜んでいるときの表情はこんな感じ，悲しいときの表情はこんな感じ，怒っ
ているときの表情はこんな感じというように，基本的な感情をあらわす表情の
カテゴリーは3歳くらいまでには理解できるようになるようです（ワイデンと
ラッセル，2008）。もちろん発達には個人差がありますが，喜び，悲しみ，怒
りといった基本的感情の表情については，3歳児では弁別できる子が半数ほど
ですが，5歳児ではほとんどの子が弁別できるというように，他者の感情を理
解する能力は幼児期に急激に発達していきます（古池，1997；枡田，2014；ポ
ンズたち，2003；戸田，2003；渡辺・瀧口，1986）。感情をあらわす言葉と表
情を対応させる課題を4歳児，6歳児，8歳児に実施した実験では，年齢とと
もに成績は良くなっており，表情があらわす感情を理解する能力は幼児期から
児童期にかけて発達し続けることがわかりました（マーカムとアダムス，
1992）。

表 4-1　課題で使用した物語（枡田, 2014）

生起する感情	物語の内容
喜び	（主人公）がお腹をすかせてお家へ帰ると，夜ごはんのおかずは大好きなハンバーグでした。
悲しみ	（主人公）がいつも可愛がっていた大好きな小鳥がある日死んでしまいました。
怒り	（主人公）がお片付けしようと思っていたら，お母さんにお片付けするように言われました。
恐れ	大きなこわい犬が（主人公）の後から大きな声でほえながら，追いかけてきました。
驚き	（主人公）が玄関のドアを開けたら，いきなり知らない猫が飛び込んできました。

※（主人公）のところは，参加児が男児なら太郎君，女児なら花子ちゃんとした。

表 4-2　感情ラベリング課題の平均得点と標準偏差（枡田, 2014）

年中児（22 人）	年長児（21 人）
9.59 （2.75）	11.33 （2.13）

満点は 15 点。

菊池（2004）は，「嬉しい」「悲しい」「怒っている」という基本的な感情を
あらわす表情を線画で描いた表情刺激とイラストで描いた表情刺激を用意し
（感情の乏しいニュートラルな刺激も加えた；図4-1），保育園の年少児，年中
児，年長児に，「嬉しいときの顔はどれですか」「悲しいときの顔はどれです
か」「怒っているときの顔はどれですか」と尋ね，その感情をあらわしている
と思う刺激を１つ選択してもらいました。その結果，線画刺激もイラスト刺激
も共に，平均正答率は年少児で80％台，年中児で90％台，年長児では100％
となりました。年少児でも基本的感情をあらわす表情を大半の子が理解できる
ことがわかりましたが，そうした理解力は幼児期に急激に発達し，5〜6歳の
年長児は全員が理解できることが確かめられました（表4-3）。

4.1.2　声の調子があらわす感情の理解の発達

　私たちは，他者の感情を推測する際に，表情を手がかりにするだけでなく，
声の調子も手がかりにします。では，他者の声を手がかりに感情を推測する能
力は，いつ頃から身につくのでしょうか。それを確かめるためにしばしば用い
られるのが，言っている内容と声の調子が矛盾する音声を聞かせて，その発話
者の感情を推測させるという課題です。声の調子から話し手の感情を推測する
能力が身についていれば，話す内容と声の調子が矛盾する場合，無理をして嬉
しいと言っているけどほんとうはがっかりしてるんだな，というように声の調
子を手がかりに話し手の感情を推測することができます。

　阿出川・渡辺（2021）は，小学生を対象として，「おはよう」「どうしたの」
というような刺激文を喜び，怒り，悲しみの感情を込めてそれぞれ発話した音
声を聞かせ，発話者の感情を喜び，怒り，悲しみに対応した表情画から選ばせ
るという実験を行っています。その結果，概ね1，2年生から5，6年生にかけ
て声から感情を理解する正確さが増していくことが確認されました。ここから，
声の調子から感情を理解する能力は児童期に発達していくことがわかります。

4.1.3　言語内容と声の調子が矛盾する発話の場合

　実際，喜びをあらわす文を喜びの感情を込めて読んだり，悲しみをあらわす

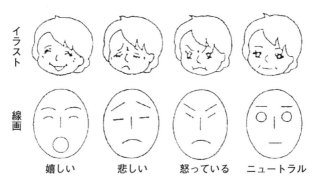

図 4-1　**表情認知課題で用いた表情刺激**（菊池，2004）

表 4-3　**表情認知課題における幼児の平均正答率**（菊池，2004 を改変）

		線画	イラスト
年少児	嬉しい	82.36%	94.12%
	悲しい	94.12%　平均88.24%	70.59%　平均84.31%
	怒っている	88.24%	88.24%
年中児	嬉しい	93.33%	100%
	悲しい	80.00%　平均91.11%	86.67%　平均95.56%
	怒っている	100%	100%
年長児	嬉しい	100%	100%
	悲しい	100%　平均100%	100%　平均100%
	怒っている	100%	100%

文を悲しみの感情を込めて読んだりした音声を聞く場合は，話者の感情を推測するのは簡単ですが，喜びをあらわす文を悲しみの感情を込めて読んだり，悲しみをあらわす文を喜びの感情を込めて読んだりした音声を聞くというように，発話内容と声の調子が矛盾する場合は，ちょっと複雑になります。後者のような発話内容と矛盾する音声を成人に聞かせて，話者の感情が喜びか悲しみかを答えさせると，文の内容ではなく声の調子を手がかりに回答する傾向がみられました（デュプイとピコラ＝フラー，2010；図 4-2）。このような判断能力は何歳くらいから身につくのでしょうか。

　フレンド（2000）は，ほめる内容の文と叱る内容の文を用意し，それぞれを喜びの感情を込めて読み上げたり怒りの感情を込めて読み上げたりした音声を4歳児，7歳児，10歳児に聞かせました。そして，笑顔の図版と怒り顔の図版を用いて話者がどんな感情かを答えさせました。その結果，発話内容と声の調子が一致している場合は4歳児でも正確に話者の感情を答えられるのに対して，不一致の場合は 10 歳児は声の調子を手がかりに正確に話者の感情を答えられましたが，4歳児や7歳児は言語内容に基づいて判断するため話者の感情を正確に推測することができませんでした（図 4-2）。

　今泉たちは，言語的意味と発話意図が必ずしも一致しない音声を用いて，発話意図理解の発達過程を検討しています。彼らは，言語的意味と発話意図が一致する音声の理解力は小学1年生でも成人と同じレベルに成熟しているものの，矛盾する音声の理解力の発達は遅く，小学生から中学生にかけて加齢とともに上昇していくことを明らかにしています（野口たち，2004）。さらに今泉たち（2008）は，小学1〜6年生の児童を対象に，ほめ言葉を賞賛する調子で読んだ音声と皮肉を言うような調子で読んだ音声を聞かせて話者がほめているかどうかを判断させる課題と，責める言葉を非難するような調子と冗談っぽい調子で読んだ音声を聞かせて話者が怒っているかどうかを判断させる課題を与えました。その結果，1年生は言語的意味に基づいて判断し，2年生以上は声の調子に基づいて判断する傾向がみられました。したがって，小学2年生以上では言語的意味と発話意図が一致していても矛盾していても90％前後の正答率でしたが，1年生では一致している場合は90％程度の正答率なのに対して矛盾して

デュプイとピコラ=フラー（2010）
　　成人は，文の内容ではなく声の調子を手がかりに判断する。

フレンド（2000）
　　ほめる内容の文を，喜びの感情を込めて読み上げる。
　　ほめる内容の文を，怒りの感情を込めて読み上げる。
　　叱る内容の文を，喜びの感情を込めて読み上げる。
　　叱る内容の文を，怒りの感情を込めて読み上げる。

　　　発話内容と声の調子が
　　　　　一致している場合：4歳児でも正確に話者の感情を答えられる。
　　　　　不一致の場合：10歳児は声の調子を手がかりに正確に話者の感情
　　　　　　　　　　　　を答えらるが，4歳児や7歳児は言語内容に基づい
　　　　　　　　　　　　て判断するため話者の感情を正確に推測できない。

今泉たち（2008）
　　ほめ言葉を賞賛する調子で読んだ音声と皮肉を言うような調子で読んだ音
　　声を聞かせて，話者がほめているかどうかを判断させる。
　　責める言葉を非難するような調子と冗談っぽい調子で読んだ音声を聞かせ
　　て，話者が怒っているかどうかを判断させる。

　　1年生は言語的意味に基づいて判断し，2年生以上は声の調子に基づい
　　て判断する。

**図4-2　発話内容と声の調子が矛盾する場合，どちらを手がかりに話者の感情を
　　　　判断するか**

いる場合は70％程度の正答率にとどまりました（図4-2）。

　モートンとトゥレハブ（2001）は，言語内容と声の調子などの音声面が矛盾するメッセージの意図を判断する際に，言語内容に基づいて判断する傾向を**レキシカル・バイアス**と名づけています。このレキシカル・バイアスが話者の感情を読み違えることにつながります。

　池田・針生（2018）は，年少児から小学3年生を対象として，母親が子どもをほめているような内容の文（喜び文）と，子どもを叱っているような文（怒り文）を用意し（図4-3），それぞれを喜び口調と怒り口調で読み上げた音声を聞かせ，話者が笑っていると思うか怒っていると思うかを喜び表情の画像と怒り表情の画像のいずれかを指差して答えてもらいました。その結果，発話内容と口調が不一致の場合に，学年の上昇とともに口調に基づく回答が増え，3年生が口調に基づく回答が最も多くなりました。年少児と年中児は発話内容に基づく回答が多く，レキシカル・バイアスを示しました。年長児と1年生は発話内容に基づく回答と口調に基づく回答がほぼ半々であり，未だレキシカル・バイアスを示す子がかなりいることが確認されました（表4-4）。こうした傾向は，小学1年生から3年生頃に，話者はいつもほんとうの感情をそのまま言葉にするわけではないという理解が進むとする知見（ハヤシとシオミ，2015）と合致します。

　モートンとトゥレハブ（2001）は，レキシカル・バイアスは幼児期から児童期にみられ，10歳頃までに乗り越えられるとしています。しかし，今泉たち（2008）の実験では小学2年生，つまり8歳くらいで，池田・針生（2018）の実験では小学3年生，つまり9歳くらいで乗り越えられており，10歳より多少早くなっています。これには日本人が「思いやりをもつように」「相手の気持ちを考えて行動するように」といって育てられ，たえず他者の気持ちを想像しながら人とかかわる習性を幼い頃から身につけることが関係していると考えられます。榎本（2016）は，このような日本の文化を**間柄の文化**として特徴づけ，自己中心の文化として特徴づけて欧米の文化と対比させています。そうした文化の違いが，共感性や感情理解の発達の重要な環境要因となっているといえるでしょう。

```
喜び文
    「大好きだよ」
    「とっても上手だね」
    「なんていい子なの」

怒り文
    「大嫌いだよ」
    「ほんとに下手くそだね」
    「なんてダメな子なの」
```

図 4-3　**幼児・児童に聞かせる喜び文と怒り文** (池田・針生，2018)

表 4-4　**文の内容と口調が一致の場合と不一致の場合の平均正答率 (標準偏差)**
(池田・針生，2018 を改変)

	年少児	年中児	年長児	1 年生	2 年生	3 年生
一致	.85	.94	.97	.97	.99	.99
	(.20)	(.14)	(.08)	(.06)	(.03)	(.04)
不一致	.32	.29	.51	.49	.62	.84
	(.26)	(.27)	(.34)	(.46)	(.43)	(.20)

4.2　感情を生み出す背景の理解

4.2.1　状況から感情を推測する能力

　他者の感情を理解しようとする際に，私たちは表情を手がかりにするだけでなく，その人の置かれた状況を手がかりにするのがふつうです。表情があらわす感情は3〜4歳の幼稚園の年少児でも8割以上が理解しているという知見がありましたが（菊池，2004），状況を手がかりに感情を推測する能力は何歳くらいから身についてくるのでしょうか。

　笹屋（1997）は，幼稚園の年中児（平均年齢4歳），年長児（平均年齢5歳），小学1年生，3年生，5年生，中学生，成人を対象に，喜び・悲しみ・怒りの表情をそれぞれ演じた写真を見せてその人物の気持ちを推測させたり（表情課題），主人公が喜び・悲しみ・怒りをそれぞれ感じるであろう約1分間の短い物語を演じている映像を見せてその人物がどんな気持ちになるかを推測させたりしました（状況課題）。その結果，4歳児から中学1年生まで，感情理解得点は年齢とともに高くなっていました。興味深いのは，4歳児では状況課題より表情課題のほうが成績が良いのに対して，5歳児では差がなくなり，小学1年生になると状況課題のほうが成績が良くなるというように逆転現象が生じることです。ここから言えるのは，4歳児は表情認知能力は発達していても，状況把握能力は未発達だということ，そして5歳くらいになると状況把握能力が急激に発達するということです。

　菊池（2006）は，主人公が嬉しくなる状況文，悲しくなる状況文，怒りたくなる状況文を用意し（表4-5），3歳児，4歳児，5歳児に対して，それぞれの状況を実験者が口頭で説明し，その子はどんな気持ちになるか（他者情動条件），またそれが自分だったらどんな気持ちになるかを尋ね，口頭で回答してもらいました。その結果をみると，年齢が高くなるにつれて理解度得点も高まる，つまり状況をもとに主人公の感情を適切に推測できるようになっていました（図4-4）。ここからわかるのは，状況を知り，その状況によって喚起される感情を推測する能力は，3歳から5歳にかけて着実に発達していくということです。

表 4-5　**情動を引き起こす状況**（菊池，2006）

喜び
- お誕生日にお父さんがケーキを買ってきてくれる。
- お父さんと一緒に遊園地に行く。

悲しみ
- 楽しみにしていた遠足が雨で中止になる。
- 可愛がっていた鳥が急に死んでしまう。

怒り
- 遊んでいたおもちゃを友だちに無理やりとられる。
- 描いていた絵を無理やり友だちに引っ張られ破られる。

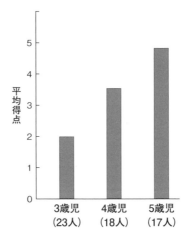

図 4-4　**他者の情動推測課題の平均得点**（菊池，2006 を改変）

4.2.2 パーソナリティ特性を考慮して感情を理解する能力

　同じような状況であっても，人によって込み上げてくる感情が違ってくると
いうのは，大人ならだれもが自明のことと思っているはずです。たとえば，外
向的で人前でしゃべるのが好きな人と，内向的で人前でしゃべるのが苦手な人
では，みんなの前で意見を言うようにと指名されたときに喚起される感情が違
っていて当然でしょう。外向的で人前でしゃべるのが好きな人の場合でも，主
人公が先生からみんなの前で意見を言うように指名されてどんな気持ちになる
かを聞かれたとき，同時に主人公のパーソナリティ特性が内向型であるという
情報があれば，それを考慮して主人公は恥ずかしくて嫌で逃げ出したい気持ち
になるというような推測ができるはずです。でも，そのようにパーソナリティ
特性と状況を考慮して総合的に判断する能力がまだ身についていないと，自分
がその状況でどんな気持ちになるかをもとに，主人公は得意な気持ちになると
いった判断をしてしまうでしょう。

　グネップとキラムカーティ（1988）は，6歳児，8歳児，10歳児，そして大
学生を対象とした実験により，主人公の過去の複数の行動例からパーソナリテ
ィ特性を把握し，そうした内的特性から主人公の感情を推測する能力は，8歳
から10歳にかけて急激に発達することを示すデータを得ています。

　朝生（1987）は，幼稚園の年少児，年中児，年長児を対象として，主人公の
パーソナリティ特性の把握につながる行動情報を考慮して主人公の感情を判断
できるか，それとも自分ならこう感じるという自分の気持ちをもとに主人公の
感情を判断するかを確認する実験を行っています（図4-5）。その際，主人公
の気持ちを自分と同じであると推測するものを自己準拠反応，主人公の行動情
報から主人公の特性を正しく推測し，それをもとに感情を推測するものを他者
準拠反応とします。その結果，年少児と年中児では他者準拠反応が少ないが，
年長児になると著しく他者準拠反応が増加する，つまり相手の身になって推測
することができることが示されました。すべての課題で一貫して自己準拠反応
をした者を自己準拠型，一貫して他者準拠反応をした者を他者準拠型，両反応
を含む者を混合型として整理したのが表4-6です。これをみると，年少児と
年中児では自己準拠型が中心なのに対して，年長型では他者準拠型と混合型が

ノンちゃんは，カブト虫を見るといつも逃げてしまいます。

ノンちゃんが公園で遊んでいるとお友達がカブト虫を持ってきました。

そして，ノンちゃんにあげると言ってカブト虫をさしだしました。

自己準拠反応：主人公の気持ちを自分と同じであると推測したもの。

他者準拠反応：主人公の行動情報から，主人公の特性を正しく推測し，それをもとに気持ちを推測したもの。

（著者注：自分を基準に判断すると「嬉しい」「喜ぶ」といった反応になるが，主人公の特性を基準に判断すると「恐い」「嫌だ」といった反応になる。）

図 4-5 **刺激材料の具体例——カブト虫の好きな女児用**（朝生，1987 を一部修正）

表 4-6 **反応パターン別人数**（朝生，1987）

	年少	年中	年長
自己準拠型	20（67%）	19（63%）	4（13%）
混合型	9（30%）	9（30%）	13（43%）
他者準拠型	1 （3%）	2 （7%）	13（43%）

両反応を含む者を混合型とした。

中心となることがわかります。ここから，年中児から年長児，つまり５歳から６歳にかけて他者の特性を考慮して感情を判断する能力が発達するといえます。

4.3　感情の制御

4.3.1　感情の表出

　人間関係の世界を生きていくためには，他者の感情を理解する能力を発達させるだけでなく，自分の感情を制御しながら適切に表出する能力も発達させる必要があります。自分の感情表出を制御するには，他者の表情に込められた感情を理解する場合と違って，表情があらわす感情についての理解に加えて，自分の表情に対する自己意識も必要なので，他者の表情の理解よりも難しいと考えられます。

　菊池（2004）は，保育園の年少児，年中児，年長児を対象とした前出の実験において，感情の表出についても検討しています。そこでは幼児に嬉しいときの顔，悲しいときの顔，怒ったときの顔をしてもらい，写真に撮るという実験を行っています。その写真の適切さを判定したところ，年齢が上がるとともに表情表出が巧みになっていくことがわかりました（表4-7）。また，３つの感情のうち嬉しい感情をあらわす表情の表出が他の感情をあらわす表情の表出よりもうまくできるといった傾向がどの年齢でもみられました。嬉しい表情の優位性がどの年齢でも認められるというのは，多くの先行研究の結果と一致するものといえます。さらに，自分の写真を見て，それがあらわす感情を判断する課題では，３歳児の成績が著しく悪く，３歳では他者の表情は理解できても自分自身が表出している感情を十分に理解できてないことがわかりました。ここから自分自身の表情に対する理解は３歳以降に進むことがわかります。

4.3.2　感情の制御能力の発達

　社会適応のためには自分の感情，とくに怒りや嫌悪などの否定的感情をうまく制御する必要があります。腹が立ったら怒りを相手にぶつけたり，嫌な相手に嫌味なことを言ったりと，自分の中から込み上げてくる感情をそのまま表出

表 4-7　**各年齢群における表情表出の巧緻度の平均点**（菊池，2004）

	嬉しい	悲しい	怒っている	全体
年少児群 （23 人）	3.17 （1.05）	2.70 （1.08）	2.96 （1.23）	2.94 （1.14）
年中児群 （18 人）	3.72 （0.80）	3.22 （0.85）	3.33 （0.75）	3.42 （0.83）
年長児群 （17 人）	3.88 （0.83）	3.29 （0.82）	3.47 （0.61）	3.78 （0.79）

（　）内は標準偏差。

していては，周囲の人たちとのトラブルが絶えず，人間関係に支障をきたしてしまいます。そのため，私たちはいつの間にか自分の感情表出を制御するようになっていきます。

内田（1991）は，4歳後半，5歳前半，5歳後半，6歳前半の幼児を対象とした実験を行いました。その結果，ほんとうの感情と一致した行為の理由づけは容易で4歳前半児でも可能でした。ただ，ほんとうの感情と食い違う表現の理由づけは難しく，5歳後半から6歳前半にかけて可能になることが実証されています。たとえば，嫌いなプレゼントをもらうといった状況設定で，自分の感情を隠すことによって祖母を傷つけないですむといった理由づけは5歳後半からみられました。このように自分のとった行動が相手をどんな気持ちにさせるかを考慮して感情表出を制御することは，幼児期後半の5歳後半から6歳くらいにならないとできないことがわかりました。

鹿島（2020）は，否定的感情の制御について，3〜4歳児，4〜5歳児，5〜6歳児の3時点の縦断調査を実施しています。その際に行われた実験では，否定的感情を喚起する6つの場面（表4-8）を描いた否定的感情図版を作成し，それを見せて，各図版の主人公に関して「今どんな気持ちだと思う？」と尋ね（否定的感情の言語化設問），さらに「これからこの子はどうしたらいいかな。教えてあげて下さい」（否定的感情制御設問）と言って答えてもらいました。

結果をみると，否定的感情言語化得点は3〜4歳児6.21，4〜5歳児9.56，5〜6歳児11.04となり，否定的感情制御得点は3〜4歳児7.51，4〜5歳児10.73，5〜6歳児13.05となり，いずれも年齢とともに得点も上がり，すべての年齢間に有意差がみられました（表4-9）。ここから他者の否定的感情を理解する能力だけでなく，否定的感情を制御すべきだということを理解する能力も，3歳から6歳にかけて発達していくことが明らかになりました。

表 4-8　**否定的感情を喚起する 6 つの場面**（鹿島，2020 より作成）

未知の体験への不安……初めて鉄棒をするように指示される。
失敗による叱責…………花瓶を割り，先生に叱られる。
養育者との分離…………養育者が家を出る。
他児の否定的言動………遊びを断られる。
物の取り合い……………他児が玩具を取っていく。
怖い対象…………………道で犬と遭遇する。

表 4-9　**否定的感情言語化得点と否定的感情制御得点**（鹿島，2020 より作成）

	否定的感情言語化得点	否定的感情制御得点
3〜4 歳児	6.21（5.17）	7.51（6.19）
4〜5 歳児	9.56（4.94）	10.73（6.05）
5〜6 歳児	11.04（3.99）	13.05（4.78）

（　）内は標準偏差。

すべての年齢間に有意差がみられた。

自己意識の発達

5.1 自己意識の芽生えとしての身体的自己の感覚

　私たちは，当たり前のように自己意識をもって生きています。では，いつ頃から自己に対する意識をもつようになるのでしょうか。

　まずはじめに生じると考えられるのが，身体的自己の感覚です。新生児は，自己も他者もない，すべてが融合した自他未分化の世界を生きているとみられます。生後3カ月頃から，自分の手を眺めたり，足をいじったり，顔をひっかいたり，髪の毛を引っ張ったりするなど，自己刺激的運動がみられ始めます。同時に，周囲の人や物を眺めたり，手で触ったり，口に持っていったりしながら，自分の身体と環境の側に属するものとの境界を知るようになります。

　クラビッツとボーエム（1971）によれば，乳児が自己刺激的運動を盛んに行うのは，生後6カ月から1年くらいまでの間です。これは自己の身体領域を確認する行為とみなすことができます。自己の身体領域が確定することで，自己が外界と区別できるはっきりした境界をもつ独立した存在であることを理解するようになります。

　自己と他者あるいは物を区別し，環境から自己を浮かび上がらせるのに貢献する経験として，表5-1の①～③のようなものをあげることができます。そうした経験を積み重ねることで，自己の身体とその外の世界（人や物など）とが切り離されていき，身体的自己の境界線が鮮明化していきます。さらに，表5-1の④～⑦のような経験が自己感覚を強化していきます。

　このような経験を繰り返すことで，自分の外側の世界がしだいに明瞭な輪郭をもち始め，同時に自分というものが浮かび上がってきます。それにより，自分の身体に対する意識や他者に対する意識が生じ，さらに能動的に行動し他者とかかわっていく行為者としての自己に対する意識が生じてきます。

　ただし，こうした自己意識の芽生えの段階では，行為者としての意識に基づく主体的自己の感覚や，自分が直接感じとっている内受容的自己（鏡に映った自己の姿のような知覚された自己ではなく，内臓感覚，筋肉運動感覚，平衡感覚などを通して「自分がここにいる」と直接的に感じとられるような自己）の感覚はあっても，自分が他者の目にどのように映っているかという意味での可

表 5-1 環境から自己を浮き上がらせるのに貢献する経験

①こちらの意のままに動き，ひっかいたりぶつけたりすると痛い部分がある一方で，こちらの意思や感覚と関係なしに存在する部分があることをおぼろげながら感じる。

②取りたいのに届かなかったり，動きたいのに思うように動けなかったりして，何となく限界を感じる。

③周囲の人の身体や物に触ったときには触れた感覚だけ，人からくすぐられたときなどは触れられた感覚だけしかないのに，自分で自分の身体を触るときには触れる感覚と同時に触れられる感覚があり，何か違うという感じがする。

④微笑み合う，発声を真似し合うなど，感覚器官を使ったやりとりの中で，自己と共鳴し合うものの存在や心地良い関係を感じとる。

⑤泣くとオムツが取り替えられたり，ミルクが与えられたり，抱き上げてあやされたりして，不快感が取り除かれるという経験を重ねる中で，援助してくれる他者の存在と共に，環境に影響力をもつ自己の有能感を感じとる。

⑥物を意図的につかめるようになったり，寝返りやハイハイで思うように移動できるようになったりするにつれて，能動的存在としての自己を意識するようになる。

⑦泣いたりして訴えても必ずしも欲求が満たされるわけではなく，養育者がこちらの望むような応答をしてくれなかったり，特定の働きかけに対してのみ応答してもらえたりということがある。このような経験を通して，こちらの意思と関係なく存在する他者，その他者と相対している自己の存在を感じとっていく。

視的自己に対する意識はまだ生じないと考えられます。

5.2　自己概念の発達

5.2.1　幼児期の自己概念

　ケイガン（1981）は，子どもの自己叙述的な発言が生後 24 カ月頃に増加することを報告しています。具体的には，「私は遊ぶ」「私はくつひもを結ぶことができる」のような行動面の自己叙述や，「私の髪は赤い」「私は大きな自転車をもっている」のような身体面・物質面にかかわる自己叙述が多くなります。そのような自己叙述的発言をするからには，自己の主体性を意識すると同時に，自己の行動的側面や身体的側面，所有物などを意識していなければなりません。したがって，2 歳くらいから自己概念が形をとり始めているとみることができます。

　ケラーたち（1978）は，3〜5 歳の子どもに自由記述法や文章完成法（いずれも口述で実施）を用いて「自分」の内容を答えてもらい，子どもたちの回答を 9 つのカテゴリーに整理しています（表 5-2）。その結果，どの年齢段階においても行動のカテゴリーに分類される回答が圧倒的に多く，就学前の幼児の自己概念としては，行動的側面が最も中心的な位置を占めることがわかりました。ただし，行動的側面の比率は，4〜5 歳児に比べて 3 歳児では低めであり，逆に持ち物のカテゴリーや個人的ラベルのカテゴリーの比率が 3 歳児では 4〜5 歳児に比べて高くなっています。ケラーたちの結果は，幼稚園児はもっぱら遊びのような活動によって自分自身を叙述するとするセコードとピーバース（1974）の知見と一致するものといえます。

　唐澤・柏木（1985）は，4〜6 歳の幼児を対象に，文章完成法を応用した補助質問紙や二択法などを用いて自己認知をとらえようと試みています。その結果，4 歳児では自己についての行動的記述の比率が身体的記述の比率よりもはるかに高く，年長になるほど身体的記述の比率が高まり，6 歳児では身体的記述の比率のほうがはるかに高くなっていました。

　こうしてみると，幼児期における自己概念としては，行動的自己概念と身体

表 5-2　**幼児による「自分」の内容のカテゴリー**（ケラーたち，1978 より作成）

①**行動**：習慣的なもの（座ってテレビを見ます，幼稚園に行きます），能力的
　　　　なもの（髪を自分で洗います），援助的・従順的なもの（お母さんの
　　　　お手伝いをします）に下位分類された。

②**関係**：大人（すてきなお父さんとお母さんがいます）と仲間（弟がいます，
　　　　良い友だちがいます）に下位分類された。

③**身体イメージ**（〜色の目です）

④**持ち物**（人形をもっています，犬を飼っています）

⑤**個人的ラベル**（人間です，〜という名前です）

⑥**性別**（男の子です）

⑦**年齢**（3歳です）

⑧**評価**（とても良い子です）

⑨**個人的特徴や好み**（幼稚園が好きです）

的自己概念が中心的位置を占めるといえそうです。

5.2.2　児童期の自己概念

　ブロートン（1978）は，「自分とは何か？」という質問に対する自由記述の回答をもとに，自己概念の発達について検討しています。この質問は，青年期の自己の探求に典型的にみられる生き方をめぐる問いではなく，単に自分の特徴を問うものです。結果をみると，幼児期から児童前期には自己は身体の一部とみなされ，自己概念は身体的側面と結びついていることがわかります。この時期の子どもたちは，身体的自己概念をもち，身体的外見をもとに自分と他者を区別することが多いようです。8歳くらいになると，思考内容やイメージといった精神的内容についての原初的な観念をもつようになり，それは他者の精神的内容と取替えのきかない独自なものという認識をもつようになります。この段階になると，見かけや持ち物だけでなく，思考や感情といった内的な性質によって自分と他者の区別が行われます。

　このように，児童前期には自己を身体的側面からとらえることが多いのに対して，児童中期くらいからは内面的自己概念が形をとり始め，心理的な側面から自己をとらえることができるようになります（図5-1）。

　ローゼンバーグとシモンズ（1972）は，3〜12歳の幼児・児童を対象とした調査の中で，「あなたが心の中で感じたり考えたりしていることをもっともよく知っている人はだれですか？　その人は他の人の知らないあなたについてのどんなことを知っていますか？」といった問いに対する回答を分析しています。それによれば，年少の子どもほど行動，能力や成績，身体的特徴（外見など），健康状態，持ち物，人口動態学的属性（年齢，性別など）といった目に見える，外的な，公的な内容を答えることが多く，年長の子どもほど内的思考や感情，特定の対人感情，私的な願望・欲望・野心といった内面的なことがらを答えることが多くなっていました。

　リブスリーとブロムリー（1973）も，年少の子どもほど身体的外見（身長，かわいらしさ，目の色，髪の色など），一般的情報や身元（名前，年齢，性別，通っている学校，信仰している宗教，国籍など），所有物（飼っている動物，

幼児期～児童前期……自己を身体的側面からとらえる傾向が強い。

　8歳くらいまでは，所有物や外見など目に見える属性によって自己描写する。

児童中期以降……自己を心理的な側面からとらえることができるようになる。

　8歳くらいからは，価値観や性格など目に見えない属性によって自己描写するようになる。

図 5-1　児童期の自己概念

持ち物など）といったことがらで自己を叙述することが多く，年長の子ほど内的な思考（信念，価値観）や性格，動機づけ（期待，願望，懸念，自己批判）といった内面的なことがらによって自己を叙述することを報告しています。すなわち，8歳に満たない子どもたちは所有物や外見など目に見える属性による自己描写を行い，8歳以降の子どもたちは価値観や性格など目に見えない属性による自己描写を行うことを見出しています。

5.2.3　青年期の自己概念

　青年期になると自我の目覚めなどといわれるように自分の内面を強烈に意識するようになり，自分の生き方や人間関係をめぐって思い悩むようになります（5.4節参照）。そのような時期には，当然ながら内面的特徴による自己叙述が増加します。

　モンテメイヤーとエイセン（1977）は，4〜12年生（およそ9〜18歳）の子どもたちを対象に，「私はだれですか？（Who am I？）」という問いに20回答えさせ（20答法），その回答を30のカテゴリーに分類しています。その結果，年齢とともに，居住地，持ち物，身体的特徴などの客観的・外面的特徴による自己叙述が減少し，職業的役割，実存的な個性化の意識，思想・信念，自己決定の感覚，個としての統一性の感覚，対人関係のとり方，心理的特徴など主として主観的・内面的な特徴による自己叙述が増加することがわかりました（9歳，11歳，17歳の自己叙述の例はコラム5-1の通りです）。

　遠藤（1981）は，小学5年生，中学1年生および3年生を対象に，同様の20答法を実施し，自分の身体的特徴や能力（うまい・へた，得意・苦手），好き・嫌いについての記述は年齢が上がるにつれて減少するのに対して，自分の性格・気質や自己評価についての記述は増加していき，中学3年生では性格・気質についての自己叙述が圧倒的に多くなることを報告しています。その後に行われた同様の研究においても，同じような傾向が確認されています。

　バーンシュタイン（1980）は，10歳，15歳，20歳を対象に，自分の行動の仕方を答えさせる実験を行っています。そこではまず，学校にいるときと家にいるときとでは行動の仕方が違うように，だれもが状況によって異なった行動

コラム5-1　青年期の自己概念の発達がうかがわれる自己叙述の事例

9歳男子

「僕の名前はブルース。目は茶色で，髪も茶色。眉毛も茶色です。僕は9歳です。スポーツが大好きです。家族は7人います。視力はとってもいいです。たくさんの友だちがいます。僕はパインクレスト通りの1923番地に住んでいます。9月に10歳になります。僕は男の子です。身長が7フィート近くあるおじさんがいます。僕の学校の名前はパインクレストです。僕の先生はVという女の先生です。僕はホッケーをします。僕はクラスでもっとも頭のいい子の部類にはいります。僕は食べ物が大好きです。僕は新鮮な空気が好きです。僕は学校が大好きです。」

このように，9歳の子どもの自己叙述は，性別，年齢，名前，居住地，好み，そして身長的外見が用いられており，とても具象的である。

11歳女子

「私の名前はAです。私は人間です。私は女の子です。私は正直な人間です。私はかわいくありません。勉強のほうはまずまずの成績です。私はとても上手なチェロ奏者です。ピアノもとっても上手です。私は年齢のわりにはやや背が高いほうです。好きな男の子は何人かいます。好きな女の子も何人かいます。私は保守的です。私はテニスをします。水泳はとても得意です。私は人の役に立てるように心がけています。だれとでも友だちになろうと心がけています。たいてい機嫌はよいのですがかんしゃくを起こすこともあります。何人かの女の子や男の子からあまり好かれていません。男の子たちから好かれているかどうかはよくわかりません。」

ここでも自分の好みにしばしばふれているが，自分の対人関係的特徴や性格的特徴も強調している。

17歳女子

「私は人間です。女の子です。私は単一の個体です。私は自分がいったいだれであるかは知りません。私は魚座の生まれです。私は気むずかしい人間です。私は優柔不断な人間です。私は野心家です。私はとても好奇心の強い人間です。私は独立した個人ではありません。私は孤独な人間です。私はアメリカ人です。私は民主主義者です。私は進歩主義者です。私は急進的な人間です。私は保守主義者です。私はえせ進歩主義者です。私は無神論者です。私は分類しやすい人間ではありません。」

ここでは性格的特徴や思想的特徴といった自己の内面的な側面が中心となっており，とくに主義や信念の記述が多くの部分を占めている。

（モンテメイヤーとエイセン，1977より）

を示すことを説明し，自分のとるさまざまな行動をあげるように求めました。
その後，羅列された個々バラバラな行動をすべてつなげて，自分自身を叙述す
る文章にまとめあげるように求めました。その結果，表面にあらわれた行動に
縛られ，個々バラバラな行動をうまく統合できない段階から，自己の複雑さを
認識し，一見して相矛盾するように思われる行動の間にも内的な一貫性を見出
し，それをうまく説明することができる段階へと発達していくことがわかり
ました。たとえば，10歳の子は，自己叙述文の間に矛盾があっても気づかず，
ただ個々の自己叙述文を羅列するだけでした。15歳では，多様な自己叙述文
の間の矛盾に気づくことができても，相矛盾する行動を統合する原理を思いつ
くことができませんでした。ところが20歳では，具体的な個々の行動のもつ
意味を抽象化することで，一見して相矛盾する行動の間にも，何らかの共通す
る法則性を想定し，自分の行動原理を統合的に説明することができました（コ
ラム5-2）。

　リブスリーとブロムリー（1973）は，対人認知の研究を行った際に，年少者
の対人認知はすべてにおいて「良い人」か「悪い人」かという単純な様式をと
りがちなのに対して，青年期になると，ある点においては良いが別の点につい
ては悪い，ある状況においては良いが別の状況においては悪いというように，
多面的かつ両価的な見方ができるようになることを見出しています。このよう
な認知様式の発達は，対人認知のみならず自己認知にも当てはまるといってよ
いでしょう。

5.2.4　自己概念の発達の枠組み

　このように，自己概念には明らかに発達的変化がみられます。行動による自
己規定や持ち物による自己規定が最も早く幼児期からみられ，児童期に入る頃
から身体的特徴による自己規定が最もよくみられるようになり，児童中期以降
になると心理的特徴による自己規定が行われるようになります。そして，青年
期になると，心理的特徴によって自己規定する傾向がますます強まっていきま
す。したがって，幼児期から青年期へと発達するにつれて，自己規定を行う際
の着眼点が，行動的特徴から身体的特徴へ，さらには心理的特徴へと変化して

コラム5-2 児童期から青年期の自己のとらえ方の発達

　表面にあらわれた行動に縛られ，個々バラバラな行動をうまく統合できない段階から，自己の複雑さを認識し，一見して相矛盾するように思われる行動の間にも内的な一貫性を見出し，それをうまく説明することができる段階へと発達していく。

10歳……自己叙述文の間に矛盾があっても気づかず，ただ個々の自己叙述文を羅列するだけ。
　　　　例：おとなしい，はしゃいで怒られる。

15歳……多様な自己叙述文の間の矛盾に気づくことができても，相矛盾する行動を統合する原理を思いつくことができない。
　　　　例：おとなしくしているときもあるが，はしゃぎすぎるときもある。

20歳……具体的な個々の行動のもつ意味を抽象化することで，一見して相矛盾する行動の間にも，何らかの共通する法則性を想定し，自分の行動原理を統合的に説明することができる。
　　　　例：よく知らない人の中ではおとなしいが，親しい友だちがいるとよくはしゃぐ。

（バーンシュタイン，1980をもとに著者の例示を添えて作成）

いくといってよいでしょう。

　また，自己の行動的特徴や身体的特徴は，外面的かつ具体的なものであり，個々バラバラに記述することができます。それに対して，主義・信念，対人関係のとり方，性格的特徴などは，内面的かつ抽象的なものであり，いくつもの具体的なことがらを貫く共通点をとらえることではじめて浮かび上がってくるものです。ゆえに，自己概念の発達としては，外面的なものから内面的なものへという自己叙述の要素の変化だけでなく，個々の要素が羅列的なものから体系的なまとまりをもったものへと統合されていくということがあります。

　このような抽象的・体系的な自己把握能力の発達は，個々の具体的な事実や諸特徴からその背後にある法則性を抽出する認知能力の発達と並行して進むものといえます（図 5-2）。

5.3　可能自己と自己形成

5.3.1　自己形成の原動力ともなる理想自己

　一般に自己概念というと現実自己，つまり今ここにある自己の認知像を指しますが，過去の自己や未来の自己についての認知像も一種の自己概念といえます。中でも理想自己のような未来の自己像は，自己を磨き，理想に向けて頑張ろうという動機づけの意味をももつので，発達における自己形成の側面を担うものでもあります。

　マーカスとニューリアス（1986）は，現実に今ここにある自己以外の自己のことを可能自己と呼びました。可能自己とは，なるだろう自己，なりたい自己，なることを恐れている自己などで，自己についての認知と動機づけをつなぐものとみなされます（図 5-3）。それは，成功している自己，創造的な自己，裕福な自己，細身の自己，愛されている自己，賞賛されている自己のように，そうなりたいと望まれている自己であったり，一人ぼっちの自己，憂うつな自己，無能な自己，アルコール依存症の自己，失業した自己，浮浪者の自己のように，そうなることを恐れられている自己であったりします。つまり，可能自己とは，自己についての希望，目標，野心，空想，心配，脅威などの認知的な表明であ

図 5-2　**自己概念の発達**（榎本, 1998）

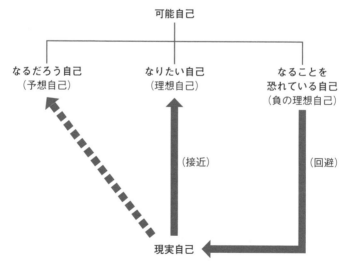

図 5-3　**現実自己を動機づける可能自己**

り，動機づけられた自己概念ということになります。

　可能自己を意識することで動機づけが高まり，学業成績が向上することも実証されています。たとえば，デスティンとオイサーマン（2010）は，中学生を対象にした研究において，学歴が将来の収入に関係することを示すことで課題の提出率が高まることを報告し，オイサーマンたち（2006）は，中学生を対象に同様の操作を行うことで可能自己が活性化され学業成績が向上することを報告しています。

　現実自己と理想自己のズレは小さいほうが好ましいとし，そのズレの大きさを不適応の徴候とみなすこともあります（図5-4）。たとえば，柳井（1977）は，大学生を対象にした調査により，現実自己と理想自己のズレの大きい者のほうが，抑うつ性や気分の変化，劣等感，神経質の得点が高く，活動性や社会的外向性が低いなど，不適応傾向を示すことを報告しています。

　たしかに理想自己とかけ離れた現実の自己を実感して強く自己嫌悪し，ひどく落ち込むこともあるかもしれません。それによって一時的に不適応状態に陥ることもあるでしょう。それが常態化したら問題でしょうが，多くの場合はそこまで深刻にはならず，すぐに立ち直るものです。

　見逃してはならないのは，理想自己と比べてはるかに及ばない現実自己に対して感じる不満には，むしろ成長のバネになるといった側面もあることです。理想自己とのギャップを少しでも埋めようと努力することが自己形成そのものであり，現実自己の成長をもたらします。その意味では，理想自己と現実自己のズレによって感じる自己嫌悪は向上心のあらわれということもできます（図5-4）。現実自己が成長すれば，理想自己はさらに理想的な位置に掲げられることになるので，常に現実自己と理想自己のズレはあるものです。ゆえに，現実自己と理想自己のズレは常にあって当然であり，このズレがほとんどなく，自己嫌悪を感じることもないとしたら，そのほうが無気力で不健康とみなすべきでしょう。

5.3.2　心の成熟の徴でもある理想自己と現実自己のズレ

　カッツとザイグラー（1967）は，小学5年生では現実自己—理想自己のズレ

図 5-4　理想自己と現実自己のズレが意味するもの

表 5-3　理想自己—現実自己のズレと IQ の関係
（カッツとザイグラー，1967 より改変）

	N	得点		現実自己と理想自己のズレ
		現実自己	理想自己	
5 年生				
低 IQ	20	57.4	46.4	11.0
高 IQ	20	51.2	40.0	11.2
8 年生				
低 IQ	20	61.6	46.2	15.4
高 IQ	20	60.4	31.6	28.8
11 年生				
低 IQ	20	67.4	38.4	19.0
高 IQ	20	60.8	33.9	26.9

と IQ との間に何の関係もないが，より年長になると同じ学年でも IQ の高い者のほうがズレが大きいことを見出しています（**表 5-3**）。これは認知能力の発達が現実自己と理想自己のズレを大きくすることの証拠といえます。

　青年期が自己を批判しつつ高めていく自己形成の時期であることから，現実自己と理想自己のズレの大きさは，理想を高く掲げ，さらに現実の自己を批判的に眺めることによってもたらされると考えてよいでしょう。理想自己と比べてまだまだはるかに及ばない現実自己に対して感じる不満足感は，自己形成を後押しするはずです。理想自己とのズレを少しでも埋めようと努力することで，現実自己の成長がもたらされるのです。

　したがって，現実自己が不当に低く評価されたり，理想自己が非現実的な高さに掲げられたりといったことがない限り，現実自己と理想自己のズレの大きさは成長へのバネとなる肯定的意味合いをもつものとみなすことができます。ゆえに，現実自己と理想自己のズレが大きい場合，ただちに不適応の徴候とみなすことはせずに，個々の事例をじっくり検討し，慎重に判断すべきでしょう。

5.3.3　自己肯定感信仰と向上心

　自己肯定感という言葉が教育界に広まり，子どもたちの自己肯定感を高めることが重視される風潮があります。しかし，そもそも自己肯定感というのはどのように測られているのでしょうか。心理学の世界では**自尊感情**という概念が広く用いられ，ローゼンバーグ（1965）の尺度で測定されてきました（**表5-4**）。

　このローゼンバーグの自尊感情尺度には，日本文化には馴染まない項目が含まれているという問題があります。筆者は，常々文化的要因を考慮すべきであると言ってきましたが，この自尊感情尺度も例外ではありません。そこで榎本（2002）は，面接調査に際して自尊感情尺度を用いた経験に基づき，話していて得られる印象と尺度得点との間に乖離があるのではないかという疑問を提起しました。つまり，この尺度で自尊感情得点が高い人が必ずしも面接において自信を感じさせる人物でなかったり，面接で自信を感じさせる人物が必ずしもこの尺度で自尊感情得点が高くなるわけではないことを指摘し，自尊感情を測

表 5-4　ローゼンバーグの自尊感情尺度（ローゼンバーグ，1965；星野，1970）

①私はすべての点で自分に満足している。
②私はときどき，自分がてんでだめだと思う。
③私は，自分にはいくつか見どころがあると思っている。
④私はたいていの人がやれる程度には物事ができる。
⑤私にはあまり得意に思うところがない。
⑥私は時々たしかに自分が役立たずだと感じる。
⑦私は少なくとも自分が他人と同じレベルに立つだけの価値がある人だと思う。
⑧もう少し自分を尊敬できたらばと思う。
⑨どんなときでも例外なく自分も失敗者だと思いがちだ。
⑩私は自身に対して前向きの態度をとっている。

（②⑤⑥⑧⑨は逆転項目。「あてはまらない」場合に自尊感情得点が高くなる。）

定する際には，謙遜の美を意識させる日本文化の特徴といった文化的要因を考慮する必要性を指摘したのです。

　たとえば，自尊感情尺度の得点が低い人が，面接では，謙遜しつつも落ち着いた自信を感じさせたり，前向きの姿勢を感じさせたりすることがあります。逆に，自尊感情尺度の得点が高い人が，面接になると，自分を振り返る姿勢が感じられなかったり，虚勢を張るなど自己防衛的な尊大さを感じさせたりすることがあります。謙遜を美徳とする日本文化のもとで自己形成してきた私たちは，表5-4の項目①のように「すべての点で自分に満足している」などと言えるでしょうか。そんな傲慢な態度はとれないと思い，この項目を否定すると，自尊感情は低くなってしまいます。自分を過信するのは良くない，謙虚さを失わないようにしたいと思い，項目⑤を肯定すると，やはり自尊感情は低くなってしまいます。

　それに関連して着目したいのが向上心です。十分な実力や実績があるのに自己肯定感が低いという場合，本人がもっと高いところに自己評価の基準を置いているということが考えられます。一方，実力からしても実績からしても自分の不十分さを感じてよいはずなのに，なぜか自己肯定感が高いという場合，本人の自分に対する要求水準が低いということが考えられます。つまり，向上心が強い人の場合，自分に厳しい基準を課し，自分の現状に満足しないために自己肯定感がそこまで高くならず，逆に向上心が低い人の場合，自分に非常に甘く自分の現状に満足しているため自己肯定感が高いということがあると考えられます（表5-5）。

　自尊感情（自己肯定感とほぼ重なるもの）の心理学の端緒を開いたともいえるローゼンバーグ（1965）は，自尊感情はありのままの自己を受け入れるだけでなく，成長し欠点を克服するという動機づけを含むものとみなしています。そして，自己満足には独りよがりも含まれるとして，自己満足と自尊感情を区別しています。フェルドマン（1995）も，自尊感情を自分自身の価値，評価，重要性などの総合的な査定であると定義した上で，向上心と自信の程度の双方を反映するものとしています（表5-5）。ここから言えるのは，自己肯定感はただ高ければいいというようなものではないということ，そして自己肯定感に

表 5-5　自己肯定感（自尊感情）と向上心の関係

- 十分な実力や実績があるのに自己肯定感が低いという場合，自分に対する要求水準が高いということが考えられる。
　　向上心が強い人の場合，自分に厳しい基準を課し，自分の現状に満足しにくいために自己肯定感があまり高くならない。

- 実力からしても実績からしても自分の不十分さを感じてよいはずなのに，なぜか自己肯定感が高いという場合，自分に対する要求水準が低いということが考えられる。
　　向上心が低い人の場合，自分に甘く，自分の現状に満足しやすいため自己肯定感が高くなりやすい。

ローゼンバーグ（1965）
　　自尊感情はありのままの自己を受け入れるだけでなく，成長し欠点を克服するという動機づけを含むものとみなし，自己満足と自尊感情を区別している。

フェルドマン（1995）
　　自尊感情を自分自身の価値，評価，重要性などの総合的な査定であると定義した上で，向上心と自信の程度の双方を反映するものとしている。

ついて考える際には向上心を考慮する必要があるということです。

　自己肯定感を測定する際に，国際比較調査などでよく用いられるのが「自分に満足している」という質問項目です。その結果，欧米の国々では自分に満足している人が8割以上いるのに日本では4割台にすぎないということになり，日本人の自己肯定感は著しく低く，欧米並みに高めなければならないと言われたりします。でも，それは文化的背景を無視した議論です。日本文化のもとで自己形成してきた私たちは，今の自分に十分満足しているなどと言えるでしょうか。すでに指摘したように，そんな傲慢な態度はとれない，天狗になるのは良くない，謙虚さを失わないようにしたいと思ってこの項目を否定すると，自己肯定感は低いとみなされてしまいます。クロッカーとパーク（2004）は，自尊感情の追求はけっして普遍的な人間の欲求ではなく文化的現象だと言います。その証拠として，日本人は他者との関係や結びつきに重きを置き，目立つことよりも溶け込むことを重視するという心理学者ハイネたち（1999）の知見をあげています。そして，日本人は，アメリカ人のようには自尊感情を維持し，守り，高揚させようとするようには見えないし，自尊感情の追求に多くのコストを払うことはないとし，アメリカ人が自尊感情の追求によって不安を軽減することに大きなコストを払うように，日本人は周囲に溶け込むことによって不安を軽減することに大きなコストを払うのではないかと言います。

　国際比較調査における自己肯定感のデータについて論じる際には，このような文化的背景を考慮してデータのもつ意味を解釈する必要があります（榎本，2002，2010；榎本・田中，2006；田中，2002，2005，2008）。自己肯定感尺度（表5-6）を開発した田中（2005，2008）も，改訂版では「全体的には自分に満足している」という項目を削除しています。それは，この項目が当てはまらないと答えた人にその理由を尋ねた結果，「自分に満足してしまったら，今後の成長が望めない」などの前向きな回答が多かった（当てはまらないと答えた人の3割以上）からです。向上心が強いために現状に満足していない状態を自己肯定感が低いとみなすのはおかしいというわけです。

　ここから言えるのは，自分の現状に満足しきれないところがあるから成長できる，自己嫌悪に陥ったりモヤモヤ悩んだりすることが自分の現状を乗り越え

表 5-6　**自己肯定感尺度**（田中，2005）

①私は，自分のことを大切だと感じる。
②私は，時々，死んでしまった方がましだと感じる。
③私は，いくつかの長所をもっている。
④私は，人並み程度には物事ができる。
⑤私は，後悔ばかりしている。
⑥私は，何をやってもうまくできない。
⑦私は，自分のことが好きになれない。
⑧私は，物事を前向きに考える方だ。

②⑤⑥⑦は逆転項目。「あてはまらない」と答えた
場合に自己肯定感が高くなる。
当初は，「私は，全体的には自分に満足している」
という項目も含めた９項目で構成されていたが，
この項目を否定する者に向上心の強い者が多く含ま
れていたため，この項目を削除して８項目構成に
改訂し，自己肯定感尺度 ver.2 とした。

る原動力になるといった視点をもつことの大切さです。榎本（2021）は，無理やりにでも自己肯定感を高めるべきとする風潮に対して，自己肯定感信仰と名づけていますが，以上のような事情を考慮すると，自己肯定感を高めるべきといった見解がいかに短絡的で的外れかがわかるはずです。自己肯定感というのは，あくまでも日頃の生活実践を通して自然に高まっていくものであり，無理に高めるようなものではないということ，何かに没頭することでいつの間にか高まっているものだということを認識しておく必要があるでしょう（コラム5-3）。

5.4　アイデンティティの発達

5.4.1　アイデンティティの探求と混乱

　エリクソン（1959）は，人生を8つの発達段階に分け，各段階ごとに達成すべき課題を設定しています（第10章参照）。それによれば，青年期の課題としてアイデンティティの確立があげられています。

　青年期になると自己意識が高まり，「自分は何者か？」「どう生きるのが自分らしいのか？」といった問いをめぐって真剣な自己探求が始まります。そうした自己探求の中で，自分はいったい何をしたいのか，自分は何をすることを求められているのか，どう生きるのが自分にふさわしいのかを検討し，「自分はこういう人間である」というイメージが鮮明になったとき，自己のアイデンティティが確立されたことになります。

　エリクソンは，自分自身が自己を見失い混乱の日々を過ごした経験をもとに，この課題への取組みがうまくいかないとアイデンティティ拡散という病理状態が生じるとしています。アイデンティティ拡散というのは，自分がよくわからない状態を指します。しかし，今やアイデンティティ拡散は，病理症状というよりも，多くの青年の心理状況とみなすべきでしょう。榎本（1991）は，大学生を対象に実施した調査において，アイデンティティ拡散に分類される者が45.5％とほぼ半数もいることを報告していますが，すでに30年も前からアイデンティティ拡散はけっして特殊な病理状態ではないことが明らかです。この

コラム 5-3　自己肯定感を高めれば成績は上がるのか？

　文部科学省による全国学力テストにおける質問紙調査の中に，自己肯定感についての質問があります。その分析結果をみると，たしかに自己肯定感が高い方が学力も高くなっています。だから学力を高めるために自己肯定感を高めようということになるのでしょう。

　でも，ほんとうにそうでしょうか。

　これは，専門的な言い方をすれば，相関関係と因果関係を混同しているのです。

　たとえば，身長が高いほど体重が重いといった相関関係がみられた場合，全体としてみれば小柄な人より大柄な人の方が身長も体重も多いということは言えるでしょう。だからといって，体重を増やせば身長が高くなるとは言えないはずです。

　何をバカなことを言ってるんだ，太れば背が高くなるなんて，そんなこと考えるわけがないだろうと思うかもしれません。

　でも，自己肯定感が高い子ほど成績が良い，だから自己肯定感を高めるべきだ，というのも，同じようにおかしなことなのです。

　ここで，自己肯定感が高い子ほど成績が良いということの意味を考えてみましょう。

　真っ先に思い浮かぶのは，多くの場合，成績が良くなっていけば，自己肯定感は高まっていくだろうということ。反対に，成績が悪いことが続けば，自己肯定感は低下していくだろうということです。つまり，自己肯定感が高いのは，成績が良いことの原因ではなく結果ということになります。（中略）

　たとえば，たいして頑張ることなく，そんなに良い成績でもないのに，親や教師にほめられることで，「自分はすごい」「これでいいんだ」と思う子は，はたして成績が良くなっていくでしょうか。

　むしろ，厳しい現実に直面させられ，「自分はまだまだ力不足だ」「これじゃダメだ」と思って頑張る子の方が，成績が良くなっていく可能性は高いのではないでしょうか。

　　　　　　　　　　（榎本博明『自己肯定感という呪縛』青春新書）

ようなアイデンティティ拡散状態にある青年の心理をあらわす事例をみても，こうした一見軽そうな雰囲気の背後に潜む不安心理は，多くの若者の間に広く蔓延しているように思われます。IT技術の発展により，ますます先が読みにくくなっている今日，生き方に迷う若者は非常に多いはずであり，アイデンティティ拡散はよりいっそう広まっていると考えられます（コラム5-4）。

5.4.2 葛藤の乏しい若者たちの増加

アイデンティティ拡散気味の若者が目立つ一方で，アイデンティティをめぐる問いに悩むこともなく，安定したアイデンティティを保ち続ける者もいます。マーシャ（1966）によるアイデンティティ・ステイタスの類型で早期完了型とされるもので，親の価値観に疑問を抱くことなく，そのまま受け継いで自分の生き方としているタイプです。このようなタイプは，ホールが青年期の特徴とした疾風怒濤のように混乱した様相もなく，第2の誕生も第2次分離・個体化もありません。このような早期完了型に関しては，親との間で分離・個体化ができていないという意味において，精神内部の構造が乳児期の共生段階に類似しており，未熟であるとの指摘もあります（ジョッセルソン，1996；クロガー，1995；パピーニたち，1989）。

分離・個体化過程は，親との関係によって阻害されることがあることも示されており（クロガー，2000），キンタナとラプスリー（1990）は，心の中の個体化への動きがアイデンティティの発達と関連すること，とくに両親によるコントロールが個体化の足を引っ張ることを見出しています。ペロサたち（1996）は，早期完了型の青年後期の女性は，母親との関係に巻き込まれすぎて，自分自身の人生を方向づける能力が十分発達していないことを見出しています。

引きこもりに典型的にみられるように，社会に出ていく力の弱い者の増加が問題となっている今日の日本では，青年期になっても心理的に親と密着したままの若者も目立ちます。そうした親子関係の弊害について，アイデンティティの発達の観点から検討する必要があるでしょう。

コラム5-4 アイデンティティ拡散の事例

「自分って何だろう」
「自分は何のために生まれてきたのだろう」
「自分はどこから来て，どこに向かっているのだろう」
　このような問いをアイデンティティの問いという。哲学青年のように人生の探究にはまっている人は別にすると，このようにいかにも哲学風な問いと格闘するということはないかもしれない。
　児童がこんな問いを発してきたら，感心するというよりも，ちょっと驚いてしまう。もちろん，身長や体重に大きな個人差があるように，心の発達にも個人差があるため，早熟な子どもがこのような問いを発することも十分あり得ることだ。
　でも，思春期になると，だれもが多少なりとも哲学風な問いと無縁ではなくなる。改めてこんな問い方をしないまでも，つかみどころのない自分をもてあます。もっと未熟な言葉で考えるにしても，どこかでこのような問いが気になってくる。
　「自分らしく生きたい。でも，どういう生き方が自分らしいんだろう」「自分らしさって何だろう」といった問いが浮かんでくることは，だれでもよくあるのではないか。自分はこれまでどのような人生を歩んできたんだろう。自分はこの先どのような人生を歩んでいくんだろう。自分はいったい何をしたいんだろう。自分はこの社会で何をすることを求められているんだろう。自分は何をすべきなんだろう。「自分は……」「自分は……」「自分は……」と，この種の問いが押し寄せてくる。このような問いは，より実践的なアイデンティティをめぐる問いということができる。
　（榎本博明『〈自分らしさ〉って何だろう？』ちくまプリマー新書）

6

情動コンピテンスの
発達

6.1 情動コンピテンスとは

6.1.1 IQ から情動知能へ

　社会に出てうまくやっていくには，知能，いわゆる IQ が鍵を握るといわれ，知的能力の開発を重視した早期教育が盛んに行われています。しかし，いくら知的能力が高くても，人間関係がうまくいかなかったり，忍耐力がなかったりして，社会にうまく適応していけない人もいます。

　そこで注目すべきは，ガードナー（1999）がこれまで知能としてとらえられてこなかった領域の能力にまで範囲を広げ，対人的知能や内省的知能を設定したことです。**対人的知能**とは，他人の意図や動機づけ，欲求を理解し，その結果として他人とうまくやっていく能力です。**内省的知能**とは，自分自身の欲望や恐怖，能力も含めて，自分自身を理解し，そうした情報を自分の生活を統制するために効果的に用いる能力です。サロヴェイとメイヤー（1990）も，自己と他者の情動（感情のもととなる生理的側面）を理解したり，自分の情動を適切に制御したりする能力を**情動知能**として概念化しています。その後，ゴールマン（1995）が『情動知能』というタイトルの書物を刊行したことにより，情動知能という概念が一般の人々の間に急速に広まりました（日本では『EQ ──こころの知能指数』として翻訳出版されたため，EQ という言葉が一気に広まり，就職試験でも EQ が重視されるようになってきました（**コラム 6-1**））。ガードナーの対人的知能や内省的知能は，まさに情動知能に相当するものといえます。学力に直接関係する知的能力とは異なるという意味で，非認知能力ということもあります。

6.1.2 情動コンピテンス

　知的能力そのものを意味する IQ のような知能と違って，情動知能は訓練によって高められることが示されていることから（ホジックたち，2018；木村・小泉，2020；沓澤・尾崎，2019；土田・坂田，2019；山田・小泉，2020），知能というより学習によって身につけることができるスキルととらえるのが適切との指摘もあり，**情動コンピテンス**という用語が使われることもあります（ボ

コラム6-1　情動知能とは？

　知能を狭義にとらえたのでは，「子供たちが人生をよりよく生きていくために大人は何をしてやれるか」，あるいは「IQ の高い人が必ずしも成功せず平均的な IQ の人が大成功したりする背景にはどのような要因が働いているのだろうか」といった疑問はわいてこない。人間の能力の差は，自制，熱意，忍耐，意欲などを含めたこころの知能指数（EQ）による，と私は考えている。EQ は，教育可能だ。EQ を高めることによって，子供たちは持って生まれた IQ をより豊かに発揮することができる。

（中略）

　こころの知能指数とは，自分自身を動機づけ，挫折してもしぶとくがんばれる能力のことだ。衝動をコントロールし，快楽をがまんできる能力のことだ。自分の気分をうまく整え，感情の乱れに思考力を阻害されない能力のことだ。他人に共感でき，希望を維持できる能力のことだ。

（中略）

　学校の成績がよくても，人生のピンチやチャンスにはほとんど役に立たない。IQ が高いからといって富や名声や幸せを得られる保証はないのに，学校も社会も学力ばかりに注目して，人生を左右するもう一方の大切な資質，すなわち EQ には目を向けない。情動の知性にも，数学や国語と同じように能力差がある。IQ が同じでも人生に成功する人とつまずく人がでてくるのは，EQ に差があるからだ。私たちが知能をはじめとするさまざまな能力をどこまで活用できるかを決めてしまうという意味で，EQ は「メタ能力」と呼ぶべき能力だ。

（ゴールマン　土屋京子（訳）『EQ——こころの知能指数』講談社）

ヤセス，2009；野崎・子安，2015)。他者の情動を理解したり，自分の情動を察知し適切に制御したりすることは，社会生活を営む上で必要不可欠であるため，社会情動的スキル（OECD，2015）という用語が使われることもあります。

　他者の情動を適切に理解することができないと，思いやりに欠けた言動をとって傷つけてしまったり，気持ちを逆なでするようなことを言って怒らせてしまったりして人間関係に支障をきたしてしまいます。共感したり同情したりできないと，親密な人間関係を築きにくいということもあります。また，自分の情動を適切に制御することができないと，怒りを爆発させてせっかくの関係を台無しにしたり，落ち込みすぎて仕事に支障をきたしたりといったことも起ってきます。たとえIQが同じ程度であっても，誘惑に負けてすぐにさぼってしまったり，頑張らねばならないときに粘れない者は，目標に向けて自分の気持ちをうまく制御し忍耐強く取り組む者と比べて，勉強でも仕事でも成果を出すのは難しいでしょう。ゆえに，情動知能，あるいは情動コンピテンスを高めることは，仕事・勉強や人間関係をうまくこなしていくために非常に重要となります。

　実際，多くの実証的研究により，情動コンピテンスが高いほど，人間関係が良好なこと（フレデリクソンたち，2012），幸福感が高いこと（ブラッサーたち，2013），人生に対する満足度が高いこと（サクロフスケスたち，2003），身体的健康度が高いこと（ブラッサーたち，2013），抑うつ傾向が低いこと（サクロフスケスたち，2003），孤独を感じにくいこと（サクロフスケスたち，2003），学業成績が良好なこと（マッキャンたち，2020），仕事の成績が良好なこと（オボイルたち，2011），会社等で管理職に就きやすいこと（シーグリングたち，2014）などが報告されています（表6-1)。

6.2 情動コンピテンスの構成要素

6.2.1 自己に対するものと他者に対するもの

　自分の情動の動きを察知し，適切に制御したり，他者の情動を理解したりする情動コンピテンスは，大きくは自分の情動に関するものと他者の情動に関す

表 6-1　情動コンピテンスが社会的成功の鍵を握る

情動コンピテンス（情動知能，社会情動的スキル）が高いほど
　人間関係が良好である
　幸福感が高い
　人生に対する満足度が高い
　身体的健康度が高い
　抑うつ傾向が低い
　孤独を感じにくい
　学業成績が良好である
　仕事の成績が良好である
　会社等で管理職に就きやすい

るものに分けてとらえることができます。さらには，自分の情動に関しても，
それを察知する能力，適切に制御する能力，適切に表現する能力などの側面に
分けてとらえることができます。同じく他者の情動に関しても，それを察知す
る能力，なぜそのような情動が生じているのか理解する能力，否定的な情動の
緩和を促す能力などに分けてとらえることができます。

　ブラッサーたち（2013）は，情動コンピテンスを測定する尺度を作成してい
ます。それは，情動コンピテンスを情動コンピテンス自己領域と情動コンピテ
ンス他者領域という2つの因子に大きく分け，それぞれをさらに情動の同定，
理解，表現，調整，利用の5つの因子に分けてとらえるものです。ミコライザ
ックたち（2014）は，同じ10因子からなる短縮版を作成しています。野崎・
子安（2015）は，ミコライザックたちによる短縮版の日本語訳を作成していま
す。その尺度は，ブラッサーたち（2013）やミコライザックたち（2014）と同
じく，自己領域5因子，他者領域5因子，計10因子で構成されています（表
6-2）。具体的項目例をみれば，各因子のイメージがつかみやすいと思います。
情動コンピテンスとは，このような能力を意味しています。

6.2.2　自己制御の諸相

　情動コンピテンスの中核をなすのは，**自己制御能力**であると考えられます。
自分の情動を適切に制御することは，勉強や仕事に取り組む際にも，人間関係
上でも，必要不可欠といってよいでしょう。

　タングニイたち（2004）は，自己制御能力が高いほど，学業成績が優れ，精
神疾患・過食・アルコール依存といった問題が少なく，対人スキルに優れ，良
好な人間関係を築いていることを確認しています。多くの先行研究のメタ分析
を行ったデリダーたち（2012）は，自己制御能力が高いほど，学校や職場の対
人関係や業績，食生活など，さまざまな場面において適応的に行動できている
ことを確認しています。

　自己制御に関する研究の原点とみなすことができるのが，ミシェルたちの満
足遅延課題を用いた研究です。その実験は**マシュマロ・テスト**とも呼ばれま
すが，子どもにマシュマロを見せて，今すぐ食べるなら1個あげるが，研究者が

表 6-2　情動コンピテンス尺度の 2 領域 10 因子と項目例
（野崎・子安，2015 より抽出）

【情動コンピテンス自己領域】
　自己の情動の同定
　　何かに感動した時，自分が何を感じているのかがすぐに分かる
　自己の情動の理解
　　落ち込んでいる時，自分の気持ちとその気持ちを生じさせた状況とを結びつけることは簡単だ
　自己の情動の表現
　　自分の気持ちを上手く説明できる
　自己の情動の調整
　　怒っている時，自分を落ち着かせることは簡単だと思う
　自己の情動の利用
　　自分にとって重要なことに注目するのに，自分の気持ちが助けになる
【情動コンピテンス他者領域】
　他者の情動の同定
　　他の人たちの気持ちを感じ取るのが得意だ
　他者の情動の理解
　　たいていの場合，人がなぜそのような気持ちを感じているのかを理解している
　他者の情動の表現
　　他の人たちは，よく個人的な問題を私に打ち明けてくれる
　他者の情動の調整
　　ストレスや不安を感じている人に会った時，その人を簡単に落ち着かせることができる
　他者の情動の利用
　　そうしようと思えば，他の人たちの感情を自分がそうしたいように簡単に動かすことができる

いったん席を外して戻るまで待てたら２個あげると告げ，待てるか，待たずに食べるかを試すものです（ミシェル，2014）。これは，大きな目標のために欲求充足を先延ばしできるかどうかをみるための実験といえます。

　ミシェルたちは，保育園児 550 人以上にマシュマロ・テストを実施し，その子たちが青年期，成人初期や中年期になったときにも追跡調査を行っています。その結果，幼児期により大きな満足のために欲求充足を延期することができた者は，10 年後の青年期には，欲求不満に陥るような状況でも強い自制心を示し，誘惑に負けることが少なく，集中すべき場面では気が散らずに集中でき，ストレスにさらされても取り乱さずに建設的な行動をとりやすいことがわかりました。さらに，20 代後半になったときも，長期的目標を達成するのが得意で，危険な薬物は使わず，高学歴を手に入れ，肥満指数が低く，対人関係もうまくやっていくことができるというように，自己制御がきちんとできていることが確認されました。その後の追跡調査をみると，40 年後の中年期になっても，相変わらず高い自己制御能力を維持していました（ミシェル，2014）。このように，4〜5 歳の幼児期に欲求充足を先延ばしできるかどうかで，10 年後や 20 年後，さらには 40 年後の自己制御能力を予測でき，それによって学業・仕事や人間関係を含めた社会での成功を予測できることが示されたのです（表6-3）。

　その後も，就学前の自己制御能力（抑制機能としての研究も含む）が高い者ほど，10 年後に学業的にも社会的にも成功していることが示されたり，30 年後に収入面でも健康面でも成功しており薬物依存や犯罪も少ないことが示されたりしています（ギャザコールとピッカリング，2000；モフィットたち，2011；ポニッツたち，2009）。子ども時代の自己制御能力に関する多くの先行研究のメタ分析を行ったロブソンたち（2020）は，子どもの頃の自己制御能力によって，その後の学業成績や人間関係の良好さ，問題行動や抑うつなどの病的傾向，失業などを予測できることを確認しています。中学生を対象とした縦断調査でも，自己制御得点の向上がその後の学業成績につながっていくことが確認されています（ダックワースたち，2010）。自己制御能力の一種とみなすことのできる感情制御能力に関しても，小学生を対象とした調査において，感

表 6-3 ミシェルたちの満足遅延課題（マシュマロ・テスト）

大きな目標のために欲求充足を先延ばしできるかどうかをみるための実験
　子どもにマシュマロを見せて，今すぐ食べるなら 1 個あげるが，研究者がいったん席を外して戻るまで待てたら 2 個あげると告げる。
　　2 個もらうために待つことができるか，待つことができずに食べてしまうかを試す。

幼児期に，より大きな満足のために欲求充足を延期することができた者のその後
　10 年後の青年期
　欲求不満に陥るような状況でも強い自制心を示す。
　誘惑に負けることが少ない。
　集中すべき場面では気が散らずに集中できる。
　ストレスにさらされても取り乱さずに建設的な行動をとりやすい。
　20 代後半の成人初期
　長期的目標を達成するのが得意。
　危険な薬物は使わない。
　高学歴を手に入れている。
　肥満指数が低い。
　対人関係をうまくやっていくことができる。
　40 年後の中年期
　相変わらず高い自己制御能力を維持している。

情制御能力が高いほうが，葛藤場面で自分自身や他者の感情を考慮した解決策を思いつくことができることが示されています（田代，2018）。

このように将来社会的にうまくやっていけるかどうかと関係しているとみなされる自己制御能力ですが，これを測定する尺度がタングニイたち（2004）によって開発されており，その短縮版の日本語訳も作成されています（尾崎たち，2016；表6-4）。

6.2.3　自己制御能力の訓練による向上

情動知能は，訓練によって向上させることができるため，知能というよりスキルとみなすべきとの意見もあり，情動コンピテンスという用語が用いられるようになってきたことは前節で指摘しましたが，自己制御能力が訓練によって向上することは多くの研究によって示されています。

情動コンピテンスの訓練としてさまざまな取組みがなされていますが，基本は，前掲の表6-2（野崎・子安，2015）の情動コンピテンスの10の因子のいずれかに焦点づけ，そうした心の働きを意識させるように導くことになります。

清水たち（2021）は，自己制御能力を向上させるトレーニング法として，セルフ・ディスタンシングに着目しています。セルフ・ディスタンシングとは，自己を観察する際に，観察する立場の自己と観察される対象である自己との心理的距離を遠ざける過程と定義されます（エイダックとクロス，2010；クロスとエイダック，2017）。2つの自己の距離を遠ざけることで，自己中心的な視点を超えて「一歩退いた」視点をとることができ，自己を客観視できるようになります。それによって自分自身の感情や体験についてむやみに反芻することがなくなり，建設的に物事を受け止めることができるようになると考えられます。実際，セルフ・ディスタンシングによってネガティブな感情を制御できることが実証されています（クロスとエイダック，2017）。

セルフ・ディスタンシングの具体的方法の一つとして，セルフトークがあります。セルフトークとは，自己への語りかけによって行動・情動の変容を促す方法のことで，それによって学業成績が向上することが実証されています。さらには，「私」を用いた一人称セルフトークよりも「あなた」や「自分の名前」

表6-4 セルフコントロール尺度短縮版の邦訳 (尾崎たち, 2016)

悪いクセをやめられない (r)
だらけてしまう (r)
場にそぐわないことを言ってしまう (r)
自分にとってよくないことでも，楽しければやってしまう (r)
自分にとってよくない誘いは，断る
もっと自制心があればよいのにと思う (r)
誘惑に負けない
自分に厳しい人だと言われる
集中力がない (r)
先のことを考えて，計画的に行動する
よくないことと知りつつ，やめられない時がある (r)
他にどういう方法があるか，よく考えずに行動してしまう (r)
趣味や娯楽のせいで，やるべきことがそっちのけになることがある (r)

(r) がついているのは逆転項目。肯定するとセルフコントロール得点が低くなる。

を用いた非一人称セルフトークのほうが，観察対象となる自己との距離を遠ざける効果があることが確認されています（クロスたち，2014；清水たち，2021）。榎本（2014）は，イラッときたとき，その怒り感情を抑えるための応急処置法（アンガーマネジメントの一種）として，自分の心の動きの実況中継をあげていますが，これも非一人称セルフトークの一種といえます（コラム6-2）。

6.3　情動コンピテンスの発達

　自己制御能力は，生涯にわたって発達するものの，乳幼児期に急激に，児童期から青年期にかけては緩やかに発達し，老年期には低下するとされています（坂田・森口，2016）。

　自己制御能力の代表とみなすことができるのが抑制能力です。**抑制能力**とは，不適切な注意や思考，行為，衝動を抑える能力のことです（ダイヤモンド，2013）。余計な刺激に注意を奪われたり，関係のないことを考えることで本来の思考がおろそかになったり，望ましくないことをしてしまったり，衝動に負けて怒りを爆発させ取返しのつかないことになったりと，抑制がうまくいかないとさまざまなダメージを被ります。このような抑制能力は，3歳以降に発達し，幼児期から児童期にかけて急激に発達し，児童期にも発達し続けることがわかっています（池田，2019；クリーグルたち，2018；土田・坂田，2019）。

　幼児の自己調整機能の発達を自己抑制的側面と自己主張的側面に分けて検討している柏木（1988）は，自己抑制的側面が3～6歳にかけて一貫してなだらかに増加しているのに対して，自己主張的側面は4歳半頃を境に停滞していることを報告しています。田島たち（1988）も，幼児期には自己抑制的側面が増加し，自己主張的側面は減少していくことを確認しています。そこには日本文化の中に深く刻まれている発達期待（第1章参照）が強くかかわっていると考えられます。

　また，山本（1995a，1995b）は，幼児の対人葛藤場面における自己主張の調整能力を検討し，年齢の上昇とともに自己中心的な自己主張は減少し，自他

コラム6-2　自分自身と距離を置くためのセルフトークとしての実況中継

　自分自身を客観視するのに有効なのが、自分の心の動きの実況中継です。

　たとえば、取引先の担当者から、あまりに理不尽なクレームや叱責を受け、それがどうみても言いがかりとしか思えず、キレてしまいそうな衝動が込み上げてきたら、

　「○○君（自分のこと）、言いがかりのようなクレームを突きつけられ、怒鳴るような叱責を浴び、なんとか冷静を装ってるものの、あまりの理不尽さに心の中は怒りに震え、もうぶちギレそうです。『いい加減にしてください。どう見たってそれは言いがかりです』と言い返したい、イヤ、そんな丁寧に言う必要はない、『ふざけるな、このボケ！　あまりにバカらしくて話にならねえ』と啖呵を切って飛び出したい。そんな衝動と必死に闘っています。はたして衝動を抑えることができるか、それともぶちギレて取引関係を台無しにしてしまうか。大きな試練の時を迎えました」

　などと怒りの衝動を必死に抑えようと必死に闘っている自分の心の中を実況中継しているうちに、衝動は徐々に鎮まり、気持ちが落ち着いてきます。

　爆発寸前にまで膨らんでいた衝動が収まってくると、許せないほど腹立たしかったことも、そんなにムキになるほどのことでもないと思えてくるから不思議です。ムキになっていた自分が滑稽に思えてきたりします。気持ちに余裕が出てきた証拠です。

　衝動に巻き込まれているときと冷静なときでは、このようにものごとの見え方がまったく違います。

　大切なのは、衝動の渦に呑み込まれそうになっている自分を客観視すること。それは自分自身をモニターする目をしっかりもって自分自身と距離を置くことです。

（榎本博明『「イラッとくる」の構造』ベスト新書）

双方の要求に配慮した自己主張が増加するという発達的変化を明らかにしています。同様の知見は他にも報告されており（平井，2017；長濱・高井，2011など），幼児期には，自己中心的な言動が減少し，自他の視点を調整した協調的な言動が増加するといった形の発達がみられることがわかっています。

　では，このような自己抑制を中心とした情動コンピテンスの発達には，どのような要因がかかわっているのでしょうか。山本（2020）は，情動表出の影響の理解や表情表出の巧緻度の発達が重要な要因となっていることを指摘しています。

　自分が喜びや悲しみの情動を表出したら相手はどんな気持ちになるかというような情動表出の影響の理解は，5〜6歳になると可能になることが示されています（久保，2007）。たとえば，期待外れのプレゼントをもらった場合，贈り主の前ではがっかりした気持ちなどネガティブな情動の表出を抑制するということは，3〜4歳でもできることが報告されています（コール，1986）。さらに，6歳くらいになると，人が実際とは異なる情動表出をする理由を理解できるようになり，内心はがっかりしていても喜んでみせるなど，実際の情動と異なる情動を表出することができるようになることも報告されています（平川，2014；クロムたち，2015；長濱・高井，2011；山本，2020；表6-5）。

　情動の巧緻度というのは，情動にふさわしい表情ができるかどうかということですが，その能力は5歳から9歳にかけて発達するという報告（ゴセリンたち，2011）や，4歳から6歳にかけて発達するという報告（山本，2020）があり，幼児期後期から児童期前期にかけて発達するようです。

　ここで重要なのは，すでに幼児期・児童期においても，情動コンピテンスが高いほど，学業成績が良好だったり，人間関係が良好だったりすることが確認されていることです（ファインたち，2003；イザードたち，2001）。情動コンピテンスが高くないと社会適応に困難をきたすことは容易に想像できるでしょう。たとえば，自分の感情をうまく制御できなければ，人間関係が安定せず，信頼関係も築きにくいし，トラブルが絶えないといったことにもなりがちです。また，自分の気持ちをうまく制御できなければ，勉強に限らずスポーツでも芸術でも，目標に向けて忍耐強く努力を続けることができず，すぐに誘惑に負け

表 6-5　**情動表出の影響の理解を試すための課題**（山本，2020）

課題	カード	ストーリーと質問
	1枚目 2枚目	二人の友だちが運動会でかけっこをしています。一人の友だちは一番になりました。もう一人の友だちはビリになってしまいました。
課題2 （かけっこ場面）	3枚目① （基本問題）	一番になった友だちはうれしい気持ちです。そこに，仲の良いたろうくんがやってきました。 **質問**：たろうくんがうれしい顔をすると，一番になった友だちはどんな気持ちになると思いますか。
	3枚目② （問題1）	ビリになった友だちは悲しい気持ちです。そこに，仲の良いたろうくんがやってきました。 **質問**：たろうくんが悲しい顔をすると，ビリになった友だちはどんな気持ちになると思いますか。
	3枚目③ （問題2）	ビリになった友だちは悲しい気持ちです。そこに，仲の悪いじろうくんがやってきました。 **質問**：じろうくんがうれしい顔をすると，ビリになった友だちはどんな気持ちになると思いますか。

てさぼったり，思い通りにならないとすぐに落ち込んでやる気をなくしたりといったことにもなりがちです。ここからいえるのは，子どもの頃，とくに幼児期において，情動コンピテンスの発達を促進するような働きかけをすることが非常に大切だということです。

　主に成人を対象として，情動コンピテンスを自己領域と他者領域に分けてとらえる尺度を用いた調査研究においては，自己領域の情動コンピテンスは年齢の上昇に伴って高くなっていましたが，他者領域の情動コンピテンスに年齢差はみられませんでした。この結果は，自分自身の情動の制御能力が成人後も発達していくことを示唆するものといえます。

　ただし，抑制能力に関しては，老化の影響を受けて老年期には低下するとみなされています（土田・坂田，2019）。

7

人間関係の発達

7.1 アタッチメント

7.1.1 アタッチメントの発達

　生まれたばかりの赤ちゃんは，周囲の人物を区別することはできず，だれに対しても同じように反応しますが，養育者との日常的なかかわりを通して，しだいに養育者と他の人たちを区別するようになります。たとえば，他の人たちに対して養育者と異なる反応を示したり，養育者の姿が見えなくなると激しく泣いたり，他の人が抱くと泣くのに養育者が抱くと泣きやんだりといったことがみられるようになります。そうしたことは，養育者との間にアタッチメントが成立している証拠とみなされます。

　アタッチメントとは，ボウルビィ（1969）によって提唱された概念で，特定の他者との間に築く情緒的絆のことです。寂しいときにあやしてもらえたり，不安や恐れを感じたときにしがみつくと安心できたり，喜びの笑顔や笑い声を交わし合ったりといった情緒的交流の中で，アタッチメントは徐々に形成されていきます。養育者との間にアタッチメントが形成されると，その養育者を安全の基地にすることができるため，冒険に乗り出すことができます。アタッチメントの対象となる養育者が見守ってくれていれば，いざというときには安全の基地に逃げ込めばよいので，安心して周囲を探索し，遊び回ったり，学んだりすることができます。一方，養育者が子どもに無関心だったり，情緒的に不安定だったり，子どもの情緒的働きかけに鈍感だったりすると，アタッチメントの形成が阻害され，養育者を安全の基地とすることができない子どもは気持ちが萎縮してしまいます。

　ボウルビィは，アタッチメントの発達に関して，図7-1のような4つの段階を設定しています。さらにボウルビィは，乳幼児期に形成されるアタッチメント関係がその後の人間関係やパーソナリティ形成に決定的な意味をもつとみなしました。

7.1.2 ストレンジ・シチュエーション

　養育者との間に望ましいアタッチメントを形成し，のびのびと探索行動をと

①**無差別な社会的反応の段階（誕生から 8〜12 週頃）**
要求に応じシグナルに応えてくれる人であれば，だれに対してでも反応する時期。
②**差別的な社会的反応の段階（6〜8 カ月頃まで）**
母親をはじめ父親などよく世話をしてくれる人にのみ選択的に社会的反応を示す時期。
③**真のアタッチメント形成の段階（24 カ月頃まで）**
アタッチメントの対象となる人からの分離に対して抵抗を示すのが特徴であり，移動能力・言語能力の発達により相手の応答に頼らないでも自力で接近・接触することが可能となる時期。
④**目標修正的協調関係の段階（3 歳以降）**
相手の要求を認識でき，相互交渉においてそれらを考慮に入れなくてはならぬことを理解するようになる時期。行動としてみられるアタッチメント関係よりも，そのような関係の言語的表象が問題になる。とりわけ両親の自分に対しての行動の追憶や期待が検討の中心になる。

図 7-1　**アタッチメントの 4 つの段階**（三宅，1998 より作成）

っている子もいれば，安定したアタッチメントを形成できず，委縮している子もいます。そのようなアタッチメントの質を評価するための実験的方法を開発したのがエインズワースたち（1978）です。それは，**ストレンジ・シチュエーション**と呼ばれるもので，満１歳児のアタッチメントの状態を評価するために考案されました。手続きとしては，１歳児をはじめての場面（見知らぬ部屋で見知らぬ人に会う）に置き，その見知らぬ環境のもとでどのような行動をとるかを評価します（図7-2）。具体的には，部屋にある玩具で遊ぶなどの探索行動，養育者に接触を求める行動，養育者が戻ってきたときの歓迎行動，泣き，微笑などにより得点化します。その得点により表7-1のようなA群（回避型），B群（安定型），C群（アンビヴァレント型）に分類します。後にメインとソロモン（1990）は，無秩序・無方向型のD群を設定しています。

　A群の乳児は，分離場面での泣きや再会場面での歓迎行動がほとんどみられず，養育者がいなくてもそれまでと同じように遊んでいます。つまり，養育者が退室しても激しく泣くなどの悲しみのサインをまったく示さず，養育者が戻ってきても歓迎する様子を示さず，無視したりします。

　B群の乳児は，養育者との分離前は養育者を安全の基地として用い，活発な探索行動を示しますが，養育者が退室すると激しく泣くなど悲しみのサインを示し，探索行動が急激に減ります。そして，養育者が戻ってくると抱きついたりして歓迎行動を示し，すぐに落ち着いて活発な探索行動を再開します。

　C群の乳児は，養育者との分離前にすでに不安の徴候がみられます。このタイプは，不安とアンビヴァレントな行動を示すのが特徴で，分離場面では激しく泣いて抵抗し，混乱を示します。再会後はしがみつくなど強く接近や接触を求めますが，抱っこしたりして養育者がなだめてもなかなか機嫌が直らず，養育者を叩いたりしてぐずり，養育者から離れて遊びを再開することができません。

　B群は，養育者を安全の基地としながら探索行動をとるので，養育者に対する基本的信頼感が確立されており，安定愛着群とみなすことができます。それに対して，A群やC群は，養育者に対する基本的信頼感が確立されておらず，不安定愛着群といえます。C群は，見捨てられる不安を抱いており，養育

実験者が母子を室内に案内，母親は子どもを抱いて入室。実験者は母親に子どもを降ろす位置を指示して退室。（30秒）

母親は椅子にすわり，子どもはオモチャで遊んでいる。（3分）

ストレンジャーが入室。母親と子どもはそれぞれの椅子にすわる。（3分）

1回目の母子分離。母親は退室。ストレンジャーは遊んでいる子どもにやや近づき，はたらきかける。（3分）

1回目の母子再会。母親が入室。ストレンジャーは退室。（3分）

2回目の母子分離。母親も退室。子どもはひとり残される。（3分）

ストレンジャーが入室。子どもをなぐさめる。

2回目の母子再会。母親が入室しストレンジャーは退室。（3分）

図 7-2　**ストレンジ・シチュエーション**（繁多，1987を改変）

者とたえず接触していないと不安で，そうかといって接触していても心から安らげるわけではありません。それによるイライラがアンビヴァレントな行動につながります。A群は，より深刻な状態にあるとみなされますが，いくらサインを送っても無視されたり拒否されたりするなど，養育者に何かを期待しても裏切られるといった経験が積み重なることで，養育者にもう何も求めなくなっています。

　無秩序・無方向型は，アタッチメントの対象である養育者に対して接近と回避を同時に示すなど，不自然でぎこちない反応が目立つのが特徴で，養育者が精神的に不安定で混乱気味なために安定したアタッチメントを形成できないと考えられます。

　ほとんどの研究は，A，B，Cの3群の分類法を用いているので，その代表的な研究による分布を示しました（表7-1）。これをみると明らかな文化差があります。アメリカや旧西ドイツではアタッチメントを回避するA群が一定の割合でいるのに，日本では皆無です。一方，アンビヴァレントなアタッチメントを示すC群の比率が日本はアメリカや旧西ドイツの約2倍になっています。そして，日本は安定したアタッチメントを形成しているB群がとくに多くなっています。こうした結果は，情緒的な結びつきが強い日本の親子関係の特徴をよくあらわすものといえます。旧西ドイツの調査を行ったグロスマンたち（1981）は，A群が約半数と非常に多いのは，母子間の身体接触の頻度が非常に少なく，早くから子どもを自立させることを目指した育児が行われているからだとしています。三宅（2004）は，母親と乳幼児が身体的に密着する傾向が強くみられ，子どもの要求に屈するなど子どもに欲求不満を経験させないように親が気をつかう日本では，ストレンジ・シチュエーションは強いストレスを感じさせるのではないかとしています。それがC群の多さにつながっていると考えられます。

7.1.3　敏感で応答的な養育者

　ストレンジ・シチュエーションによる各群の乳幼児の母親を比較すると，それぞれの特徴がみられ，安定愛着群であるB群と不安定愛着群であるA・C

表7-1 **アタッチメントの3群の出現率**（三宅，2004より作成）

	A群 （回避型）	B群 （安定型）	C群 （アンビヴァレント型）
アメリカ	22.0%	65.0%	13.0%
旧西ドイツ	49.0%	32.7%	12.2%
日本 　1	0%	72.0%	28.0%
2	0%	75.9%	24.1%

群との間の決定的な違いは，母親の応答性にあります。B群の母親は，泣いた
り笑ったり反抗的になったりといった子どもの発する信号に敏感に反応する傾
向がみられます。それに対して，A群やC群の母親は，そうした子どもの発
する信号を無視したり，非常に遅れて反応したり，的外れな反応をしたりする
傾向がみられます。全般的に，A群やC群の母親の子どもに対する態度は拒
否的であり，愛情深いものではありません。とくにA群の母親には，子ども
との身体的接触に強い嫌悪感を示す者が多く，また子どもに対して怒りを示す
ことも多いといった傾向がみられました。C群の母親には，そのような嫌悪感
はみられませんでしたが，子どもとの接触も義務的な範囲を出ず，愛情のこも
った抱きはあまりみられませんでした。

　このような傾向から，健全なアタッチメントの発達のためには，養育者との
間に一定量以上の相互交渉があることに加えて，子どもの発する信号を養育者
が敏感に察知し，適切に反応すること，さらに養育者が子どもとの相互交渉を
心から喜んで行う必要があることがわかります。

　本島（2017）は，乳児が生後2カ月の時点における母親の情動認知の的確さ
や敏感性を測定し，1歳半になったときの乳児のアタッチメントの安定性を測
定して，両者の関連を調べています。その結果，乳児の喜びや悲哀の表情認知
が正確な母親の子どもほど，1歳半になったときのアタッチメントが安定して
いることがわかりました。また，乳児の発する信号に適切かつ即座に応答する
敏感な母親の子どもほど，1歳半になったときのアタッチメントが安定してい
ることもわかりました。

　乳児は自分の要求や思いを言葉で伝えることができないため，表情や泣き声
で情動を伝えるしかありません。そうした乳児が発する信号を的確に読みとり，
適切に応答する養育者に対して，安定したアタッチメントが形成されるという
わけです（図7-3）。

　1歳時点でのアタッチメントとその後の行動に関しては，1歳の頃に安定し
たアタッチメントを示した子どもは，不安定なアタッチメントを示した子ども
と比べて，その後も養育者やその他の身近な人々に対する攻撃行動や回避行動
が少なく，協調的・親和的にかかわろうとする傾向が指摘されています。将来

敏感で応答的な養育者＝泣いたり笑ったり反抗的になったりといった子どもの
発する信号に敏感に反応。

子どもの発する信号を敏感に察知し，適切に反応。

乳児の喜びや悲哀の表情認知が正確な母親の子どもほど
乳児の発する信号に適切かつ即座に応答する敏感な母親の子どもほど
1歳半になったときのアタッチメントが安定している。

↓

その後も養育者やその他の身近な人々に対する攻撃行動や回避行動
が少なく，協調的・親和的にかかわろうとする。

図7-3　安定したアタッチメント形成のために必要な養育者の条件

の人間関係に影響するということからも，乳児期のアタッチメント形成は重要な意味をもつといえます。

7.2　仲間関係の発達

7.2.1　乳幼児期の遊び形態の4段階

　子どもたちは，遊びを通して友だちとのかかわり方を学び，社会性を発達させていきます。乳幼児期の遊びの発達は，その形態の変化によってとらえることができます。一般に，乳幼児期の遊びの発達は，4つの形態によってとらえられています（表7-2）。

　一人遊びというのは，文字通り一人で遊ぶことで，たまにおもちゃの奪い合いのようなことがあるにしても，子ども同士のかかわりはほとんどなく，それぞれが一人で遊びに没頭している遊び形態を指します。

　平行遊びというのは，みんなで一緒にいても，それぞれが別々のことをしていたり，たとえば同じように絵を描いているにしても相互交渉はなく，一人遊びの集合のような遊び形態を指します。3歳頃によくみられる遊び形態です。

　連合遊びというのは，おもちゃの交換をしたり，遊びについて話をしたりといった相互交渉はあり，一緒に遊んではいるものの，とくにリーダーシップをとる子がいないため，集団として1つの遊びをしているといった感じのない遊び形態を指します。3，4歳の頃によくみられる遊び形態です。

　協同遊びというのは，鬼ごっこやままごとのように，みんなで共通のルールのもとに役割分担をするなど，集団として統制されている遊び形態を指します。5歳以降によくみられるようになる遊び形態です。

7.2.2　仲間集団の発達

1.　ギャング集団を通しての社会化

　小学校中学年くらいになると，子どもたちだけで仲間集団をつくり，大人の干渉に反発し，内緒で遊んだり，隠れ家のような秘密の場所をもったり，冒険をしたりして，親や教師から自立的な集団行動をとるようになります。そこで

表7-2　乳幼児期の遊び形態の4段階

①**一人遊び**……文字通り一人で遊ぶこと。
②**平行遊び**……みんなで一緒にいても相互交渉はなく，一人遊びの集合
　　　　　　　　のような遊び形態。
③**連合遊び**……相互交渉はあり，一緒に遊んではいるものの，とくにリ
　　　　　　　　ーダーシップをとる子がいないため，集団として1つの
　　　　　　　　遊びをしているといった感じのない遊び形態。
④**協同遊び**……みんなで共通のルールのもとに役割分担をするなど，集
　　　　　　　　団として統制されている遊び形態。

は所属集団への忠誠心のようなものもみられ，集団凝集性が高く，時に他の集団と対立することもあります。そのような集団を**ギャング集団**と呼び，そうした集団を形成する時期のことを**ギャングエイジ**といいます。子どもたちは仲間と集団行動をとることを通して社会性を身につけていきます。

　かつてはこのような流れが指摘されていましたが，車社会の発達で路地裏の遊び空間が消失し，塾や習い事に通う子が増えたことで遊び時間も少なくなり，治安への不安もあって，集団遊びがあまりみられなくなりました。そこにもってきて電子ゲームが急速に普及し，一人遊びや仲間と一緒でも動きがなくじっと画面に向き合うような遊びが多くなり，集団行動の中で社会性を発達させるというのが難しくなってきました。このところ指摘される社会性の未発達には，遊び集団の欠如も関係していると考えられます。

2. 行動を共にする友人から親友へ

　思春期，つまり中学生くらいになると，性格や趣味が似ているなど，気の合う者同士が集まって行動を共にするようになります。そのようにして形成される集団を**チャム集団**といいます。似た者同士が集まるため，異質な者を排除する面があり，うまく集団に入れない者も出てきます。この年頃の子どもにとっては，仲間集団にいかにして受け入れてもらえるかが重大な関心事となります。

　青年期の後半になると，単に行動を共にする仲間では物足りなくなり，自己開示によってお互いの内面を共有し合い，わかり合える親友を求めるようになります。そのようにして形成される集団を**ピア集団**といいます。チャム集団が同性に限られるのに対して，ピア集団の場合は同性だけの場合もあれば異性が混じる場合もあります。自分にないものを求めるなど異質な者も排除しないかかわりの中で社会性を磨くとともに，とくに価値観の似た者同士が親友や恋人といった親密な関係性を深めていきます。主な自己開示の相手も，児童期までは母親でしたが，同性の親しい友だちへとしだいに移行していきます（榎本，1987）。青年期の自己開示の様相は，表7-3のような内容を話せる友だちがいるかどうか，親しい友だちにどの程度話しているかによって調べます。

　バーントたち（1985，1986）は，児童期から思春期に相当する1年生，4年生，8年生を対象として，まず秋に親しい友だちをあげさせ，翌年の春に同じ

表 7-3　榎本の自己開示質問紙（ESDQ）の項目（榎本，1997）

項目番号	項 目 内 容	項目番号	項 目 内 容
1	知的能力に対する自信あるいは不安	9	職業的適性
16	興味を持って勉強していること	24	興味をもっている業種や職種
31	知的な関心事	39	人生における仕事の位置づけ
2	心をひどく傷つけられた経験	10	こづかいの使い道
17	情緒的に未熟と思われる点	25	自分の部屋のインテリア
32	嫉妬した経験	40	服装の趣味
3	現在持っている目標	11	親の長所や欠点
18	拠りどころとしている価値観	26	家屋に関する心配事
33	目標としている生き方	41	親に対する不満や要望
4	容姿・容貌の長所や短所	12	生きがいや充実感に関する事
19	外見的魅力を高めるために努力していること	27	人生における虚しさや不安
34	外見に関する悩み事	42	孤独感や疎外感
5	運動神経	13	休日の過ごし方
20	体質的な問題	28	芸能やスポーツに関する情報
35	身体健康上の悩み事	43	趣味としていること
6	性的衝動を感じた経験	14	文学や芸術に関する意見
21	性に対する関心や悩み事	29	最近の大きな事件に関する意見
36	性器に対する関心や悩み事	44	社会に対する不平・不満
7	友人に対する好き・嫌い	15	友達のうわさ話
22	友人関係における悩み事	30	芸能人のうわさ話
37	友人関係に求める事	45	関心のある異性のうわさ話
8	過去の恋愛経験		
23	異性関係における悩み事		
38	好きな異性に対する気持		

（高校生・大学生用に用いられているもの）

ように親しい友だちをあげさせるという調査を行っています。その結果，秋から春にかけての友情の安定性は，1 年生よりも 4 年生のほうが高くなっていましたが，8 年生のほうが 4 年生より高いということはありませんでした。さらに，1 年生も 4 年生もその期間中に失った友だちより新たに得た友だちのほうが多かったのに対して，8 年生では新たに得た友だちよりも失った友だちのほうが多いことがわかりました。このような結果から，児童期の後半にかけて友情は徐々に安定性を増していき，さらに青年期にかけて友だちは精選されていき，より少ない人数に絞られていくということがわかります。

　青年期の友情の深化にとって大切なのは，親密性と相互性であると考えられます（キンメルとワイナー，1995）。フィッシャー（1981）は，高校生と大学生を対象として，家族以外の最も親しい人物との関係について叙述させるという調査を行っています。回答は，友好的（活動の共有に焦点がある），親密（情愛，愛着，はっきりと気持ちや意見を伝えられる），統合的（友好的でもあり，親密でもある），深いかかわりがない（とくに友好的でも親密でもない）の 4 つのうちのどれを強調するかによってコード化されました。その結果，大学生は高校生よりも最も親しい人物との関係を親密な関係あるいは統合的な関係と報告する傾向が明らかに強くみられました。それとは対照的に，高校生では深いかかわりのない関係あるいは友好的な関係を報告する者が多くみられました。

　このように，友情は青年期を通して深まっていきますが，それと並行して広範囲にわたる友だちのネットワークを維持することへの関心が薄れていきます。とくに，青年期後期になると，少数の選び抜かれた友だちとの間の親密で相互的な関係を求めるようになります。たえず仲間と一緒にいたり，仲間からしょっちゅう励まされることは，それほど重要でなくなってきます（キンメルとワイナー，1995）。

3. 現代の友人関係の難しさ

　かつてはこのような流れが指摘されていましたが，ここにも変化がみられます。最近は，親からの自立の遅れも指摘されていますが（榎本，2016；水本，2018；山田，1999），青年期後期になっても友だちとは表面的な話，ウケ狙い

表7-4 **自己開示がしにくい心理的要因**（榎本，1997）

---

①現在の関係のバランスを崩すことへの不安
重たい話を持ち出して今の楽しい雰囲気を壊すことへの不安や，お互いに深入りして傷つけたり傷つけられたりすることへの恐れの心理を反映するもの。

②深い相互理解に対する否定的感情
友だち同士であっても感受性や価値観が違うものだし，自分の思いや考えを人に話してもどうせわかってもらえないだろうというように，人と理解し合うことへの悲観的な心理を反映するもの。

②相手の反応に対する不安
そんなことを考えるなんて変なヤツだと思われないか，つまらないことを深刻に考えるんだなあと思われたら嫌だ，などといった心理を反映するもの。

の話をするばかりで，自己開示できる友人がいないという者も珍しくありません。カウンセリングが急速に普及してきた背景にも，悩みを話せるような人間関係が日常生活の中にないといった事情があると考えられます。

　岡田（2002）は，大学生を対象とした調査により，友だちとの関係の維持に気をつかいながら，その関係に困難を感じている従来型の対人恐怖群の他に，表面的な友人関係さえ円滑にこなしているとはいえず，友人関係そのものから退却し，親密なかかわりを避けるふれ合い恐怖群を抽出しています。

　その後，さらに SNS とスマートフォンの発達により，うっかりしたことを言うとネット上に書き込まれてしまう恐れを感じる若者が増え，深く内面を語り合うような友人関係を築くのがますます難しくなっているようです。榎本（2018）は，そのような傾向を**対人不安**という視点からとらえています。

　対人不安には，話すことに対する不安や相手から好意的にみてもらえるかどうかに対する不安が含まれます。よく知らない相手と会う際には，「何を話したらいいんだろう」「場違いなことを言ってしまわないかな」などといった不安が頭をもたげてくるため，会う前から緊張してしまいます。会ってからも，「好意的に受け入れてもらえるかな」「変なヤツと思われないかな」などといった不安に駆られ，相手の言葉や態度に非常に過敏になり，気疲れしてしまいます。でも，相手が友だちであっても，一緒にいても楽しくないと思われないかと不安になったり，どう思われているかが気になるなど，対人不安が活性化し，率直な自己開示がしにくくなるということがあります。筆者が 150 名ほどの大学生を対象に，日頃よく話す友だちに自分の思っていることを率直に話しているかどうか尋ねる調査を実施したところ，ほとんどの学生が率直に話すのは難しいと答えました。その理由として，現在の関係のバランスを崩すことへの不安，深い相互理解に対する否定的感情，相手の反応に対する不安，そのいずれかに分類できる回答をしていました（表 7-4）。

社会性の発達

8.1 社会性の発達と情動コンピテンス

8.1.1 小学生の暴力事件の急増

　子どもたちの社会性の欠如がしばしば指摘されますが，このところ問題になっているのは，小学生の暴力行為が急増していることです。そこには衝動コントロール力の低さがあらわれています。これは，第 6 章で取り上げた**情動コンピテンス**の未発達がもたらす問題といえます。

　文部科学省（2021）によれば，2019（令和元）年度の小学校から高校までの児童・生徒による暴力行為件数，不登校の児童・生徒の割合，いじめ認知件数が前年度を上回り，増加傾向が続いています。中でも注目すべきは，小学校での暴力行為件数が過去最高の 4 万 3,614 件（前年比 1.2 倍）となり，2 年連続で，中学校での暴力行為件数を上回ったことです。2011（平成 23）年までは，小学校での発生件数は，中学校はもとより高校よりもはるかに少なく，中学校での発生件数が飛び抜けて多かったのです（図 8-1）。ところが，2012（平成 24）年から小学校での発生件数が急激に増え始め，ついに 2013（平成 25）年に高校を抜き，その後も急増し続けて，とうとう 2018（平成 30）年には中学校を抜き，2019（令和元）年には高校の 6.6 倍にまでなっているのです（2020年度は，小中高校のいずれにおいても件数が減っていますが，新型コロナウイルス感染症対策による通学者数の減少という特殊要因があるので，2019 年度までのデータを取り上げます）。こうした動向は，情動コンピテンスの未発達により自分の中の衝動を適切にコントロールできない子どもが増えていることの証拠といえます。

8.1.2 小 1 プロブレムにみられる情動コンピテンスの未発達

　幼稚園・保育園から小学校への移行でつまずく児童が非常に多くなっていますが，そこにも子どもたちの衝動コントロール力の欠如が顕著にみられ，**小 1 プロブレム**という言葉まで生まれるほどです（表 8-1）。たとえば，授業中に席を立って歩いたり，教室の外に出たり，授業中に騒いだり，暴れたり，注意する先生に暴力を振るったり，暴言を吐いたりします。ただ元気に遊んでいれ

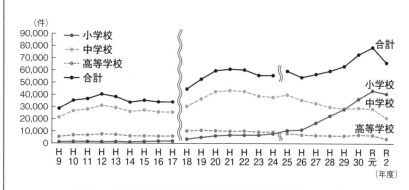

図 8-1　**小学生の暴力事件の急増傾向**（文部科学省，2021）

表 8-1　**小 1 プロブレムとは**

小 1 プロブレム＝幼稚園・保育園から小学校への移行でつまずく現象

　具体的行動例
　　授業中に席を立って歩き回る。
　　教室の外に出てしまう。
　　授業中に騒いだり，暴れたりする。
　　注意する先生に暴力を振るったり，暴言を吐いたりする。

ばよかった幼稚園・保育園での生活から，勉強をする場である学校での生活への移行がうまくいかないのです。東京学芸大学（2010）の調査によれば，小1プロブレムとされる問題行動の発生理由として，「家庭におけるしつけが十分でない」が筆頭にあげられており，「児童に自分をコントロールする力が身に付いていない」と，「児童の自己中心的傾向が強いこと」を合わせた3つが主要な発生理由とされています。

　そうした問題への対応として，授業を子どもにとってもっと楽しいものに変えるよう工夫する試みが奨励される風潮がありますが，子どもに合わせればいいという問題ではないはずです。自分の衝動をコントロールできない，感情をコントロールできない，自制心が乏しい，忍耐力がない，自己中心性から脱却できないため相手の立場や気持ちを想像できない，コミュニケーションがうまくいかない……。そうした子どもの側の要因を無視して，授業を楽しくしたり，先生の対応をよりやさしくしたりしても，けっして問題の解決にはならないでしょう。これは，情動コンピテンスの未発達という問題につながり，やがて大人になってからの好ましくない傾向と深く関連してくるのです。まさに社会適応を促すための社会化の欠如を意味するものと言わざるを得ません。こうした事態への対応として，社会性を育成する心理教育プログラムの開発が進められています。それは情動コンピテンスの発達を促すもので，主なものとして社会性と情動の学習と呼ばれるものがあります。山田・小泉（2020）は，その幼児向けプログラムであるSEL-8Nの有効性を実証しています。そのプログラムでは，自己や他者の理解，感情制御，対人関係について学習します（表8-2）。

8.2　向社会的行動

8.2.1　向社会的行動の発達

　向社会的行動とは，社会の規範に則った上で他者の利益のために行われる行動のことであり，親切な行動，思いやりのある行動，協力的な行動，人を援助しようという行動などを指します（表8-3）。

　向社会的行動の発達に関しては多くの研究が行われてきましたが，児童期か

表 8-2　幼児向け社会性と情動の学習プログラム（SEL-8N）の活動内容
（山田・小泉，2020 より一部抽出）

　自己他者理解
　　　自己感情の理解（1）：「うれしい気持ちと悲しい気持ち」
　　　自己感情の理解（2）：「不安な気持ち」
　　　他者感情の理解（1）：「この場面どんな気持ち？」
　　　他者感情の理解（2）：「この顔どんな気持ち？」（年中）
　　　　　　　　　　　　　「みんな同じ気持ち？」（年長）
　　　他者理解：「友だちの好きなところ」

　感情制御
　　　自己の感情制御：「仲良くしよう」
　　　ストレス対処（1）：「深呼吸」
　　　ストレス対処（2）：「元気になれる言葉」

　対人関係
　　　聞く：「話を聞く」
　　　感情伝達（1）：「うれしい言葉とうれしくない言葉」
　　　感情伝達（2）：「楽しい！悲しい！怒っているよ！」
　　　意思伝達（1）：「"はい" と "いいえ"」（年中）
　　　　　　　　　　「一緒に遊ぼうよ！」（年長）
　　　意思伝達（2）：「先生あのね」（年中）

表 8-3　向社会的行動とは

向社会的行動……社会の規範に則った上で他者の利益のために行われる
　　　　　　　　行動のこと。

　　　　　　　　親切な行動
　　　　　　　　思いやりのある行動
　　　　　　　　協力的な行動
　　　　　　　　人を援助しようという行動　など

ら青年期にかけて増加していくことが確認されています（アイゼンバーグとフェイブス，1998；アイゼンバーグたち，1987，1991，1995，2006；フェイブスたち，1999）。それは，児童期から青年期にかけて，他者の立場や気持ちを想像したり共有したりできるようになるといった認知面や感情面の認知能力の発達によるものと考えられます（デービスとフランゾア，1991；西村たち，2018）。

　杉山・中里（1985）も，幼稚園児，小学 2 年生および小学 5 年生を対象にゲームを用いた実験を行い，ゲームで負けた子に愛他行動を示した者の比率を算出しています。その結果，愛他行動は全体で 54.3％が示しましたが，年齢別にみると，幼稚園児より小学 2 年生のほうが比率が高く，小学 5 年生ではさらに比率が高いというように，年齢とともに愛他行動出現の比率が高まることが確認されました（図 8-2）。

　ただし，向社会的行動は，児童期以降，直線的に増えていくわけではないようです。児童期になると急激に増え始めるものの，児童期中期から青年期にかけて，一時的に減少することが多くの研究者によって報告されています（マルティたち，2015；西村たち，2018）。

　向社会的行動が児童期になると急激に増え始め，青年期にもさらに増えていくのに，なぜ児童期中期から青年期にかけて一時的に減少するのでしょうか。これに関しては，向社会的行動をとる動機の変化が関係しているのではないかとみられています。つまり，児童期になると社会性を注入しようというしつけが強化され，親や教師など大人の圧力によって，いわば外発的に向社会的行動がとられるようになります。ところが，認知能力の発達により，「なぜそうしなければならないのか？」と理由を考えるようになると，大人の圧力にただ従っていることに疑問が湧くこともあり，それによって向社会的行動が減少することが考えられます。あれこれ思い悩んだ末に，向社会的行動をとるべきだということが自分の価値観として認知構造の中に組み込まれ，自分自身の中から湧いてくる思いやりによって自発的に向社会的行動をとるようになります。その移行期に，一時的に向社会的行動が減少するのではないかと考えられます。

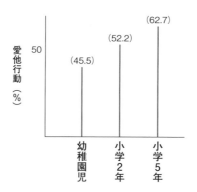

図 8-2　**年齢別愛他行動出現率**（杉山・中里, 1985；杉山, 1991）

8.2.2 向社会的行動に関係する生育環境の要因

このような向社会的行動の発達には，生育環境の影響が色濃く刻まれていると考えられます。ロンダービルとメイン（1981）は，1歳～2歳にかけて母親との間に安定した愛着を形成した幼稚園児は，仲間の欲求や気持ちに敏感で，仲間が苦しい状況にあるときに同情する傾向がみられることを報告しています。また，ツァーン＝ワクスラーたち（1979）は，2歳未満の子どもと母親の観察研究により，共感性や養育性において高く評価された母親の子どもたちは，積極的に愛他行動を示す傾向があることを報告しています。

このように，他者に対して思いやりのある行動をとれるようになるためには，認知的発達により他者の視点に立つことができるようになることが必須の条件になるにしても，本人自身が安定した心理状態にあることが必要であるといえそうです。そうでないと，他者のことを思いやるような気持ちの余裕がないということなのではないかと思われます。

8.2.3 日本の子どもたちの思いやり行動は減っているのか

日本人の共感性の高さはしばしば指摘されるところですが，1990年前後から日本の子どもたちの思いやり行動の出現率の低下が，縦断的データや国際比較データによって示されています（中里・杉山，1988；坂井，2005）。ただし，国際比較データで日本の子どもたちの思いやり行動の出現率が低くなるのは，人のためになる行動をとったかどうか，とるかどうかを測定しているからであって，人を思いやる心をもっているかどうかを測定しているわけではありません。とくに日本人の場合，思いやりの心はあっても，相手の気持ちを思いやるあまり，なかなか行動に移せないということもあるのではないでしょうか（コラム8-1）。それは，適切な思いやり行動をとる社会的スキルが身についていないということではなくて，人を傷つけてはいけないという気持ちが強すぎて身動きがとれなくなるということです。そうした傾向こそが，近年の子どもや若者の思いやり行動の出現率の低下につながっているのではないでしょうか（榎本，2017）。

そのような傾向をやさしさの変容としてとらえた大平（1995）は，旧来のや

コラム8-1　言葉にならないやさしさ

　欧米と比べて，日本では，「言葉に出さないやさしさ」というものも伝統的に大切にされてきた。

　察するというのは日本独自のコミュニケーションの仕方だと言われるが，何でも言葉に出せばいいというものではない，といった感覚が日本文化には根づいている。

　何か悩んでいそうな相手，落ち込んでいる様子の相手に，
「どうした？　元気ないけど，何かあったの？」
と声をかけるのもやさしさではあるが，人には言いにくいこともあるかもしれない，今は人に話をするような気分ではないかもしれないなどと考えて，あえて何も言わず，そっとしておく，というやさしさもある。

　また，同情されることで自尊心が傷つく場合もある。相手に負担をかけることを非常に心苦しく思う人もいる。そのような相手の場合は，同情の気持ちが湧いても，そっと見守る方がいい。そんなやさしさもあるだろう。

　そっと見守るやさしさは，見かけ上は人に無関心な態度と区別がつきにくいため，ともすると見逃されがちだが，誠実な人ほど，そのようなやさしさをもっていることが多い。

　照れやわざとらしくないかといった懸念から，やさしい言葉をかけられないという人もいる。控え目な人は，わざとらしさを嫌う。そのため，本心では何も心配していないのに，わざとらしくやさしい言葉をかける人の方が，周囲からやさしいとみなされたりする。

　とても繊細なやさしい気持ちをもつ人の場合，相手の気持ちを気遣うあまり，声をかけそびれるということもある。何か声をかけようとしても，思い浮かぶどの言葉も薄っぺらいような気がする。

（中略）

　結局，言葉みたいな表層的なものではすくい取れない深い思いが向こうにもあるだろうし，こっち側のやさしい思いもなかなか言葉になりにくい。

（中略）

　そのような控え目なやさしさは，戦略的な見せかけのやさしさを売り物にする人物が目立つ今日，とても貴重なものと言ってよいだろう。

（榎本博明『「やさしさ」過剰社会』PHP研究所）

さしさについて「相手の気持に配慮し，わが事のように考える一体感があった」とし，そのようなやさしい滑らかさが失われつつあると言います。一方，新しいやさしさでは，相手の気持ちを詮索しないことが欠かせないと言います。要するに，「相手の気持ちを察し，共感する」やさしさから「相手の気持ちに立ち入らない」やさしさへと変容したというわけです。傷を癒すやさしさよりも，傷つけないやさしさを重視する。だから相手の気持ちに立ち入らないようにする。そうすれば傷つけることはない。それが今の時代の若い世代に共有されているやさしさであり，思いやりだということになります（表8-4）。

そのような心理傾向が強まれば，相手の気持ちに立ち入ることを躊躇し，その結果として思いやりを行動に移すことがしにくくなります。ここで必要なのは，人の気持ちを多少傷つけても大丈夫という他者への信頼感を身につけ，人の気持ちを傷つけることを過剰に恐れる心理を克服することです。そういった観点から思いやり行動の出現率の低下について検討する必要があります（榎本, 2017）。

8.3 　道 徳 性

8.3.1 　コールバーグの道徳性の発達段階論

向社会的行動をとるかどうかには，道徳的判断も深く絡んでいると考えられますが，道徳性の発達に関しては，コールバーグによって提唱された発達段階論が広く知られ，また多くの研究者に参照されています。

道徳心というのは，社会規範を自分の価値観の中に組み込むことによって発達していきます。コールバーグ（1969）は，「叱られるから」「ほめられるから」といった理由で外から動かされる前慣習的水準から，「良い子になりたいから」「規則には従うべき」といった思いによって動く慣習的水準へ，そしてさらに自分自身の価値観に基づいて判断して動く原則的水準へと発達するという，道徳性の発達段階論を提唱しました。各段階をさらに2つに分けて，他律から自律へと向かって発達していく6つの発達段階を設定しています（表8-5）。

表 8-4　やさしさの変容（大平，1995 より作成）

「相手の気持ちを察し，共感するやさしさ」から「相手の気持ちに立ち入らないやさしさ」へと変容。
　「旧来のやさしさ」とは，相手の気持ちを察し共感することで，お互いの関係を滑らかなものにすること。
　「新しいやさしさ」では，相手の気持ちに立ち入ることはタブーであり，相手の気持ちを詮索しないことが，滑らかな関係を保つのに欠かせない。

　言い換えれば，
「治療としてのやさしさ」から「予防としてのやさしさ」へと変容。
　お互いの心の傷を舐めあう「やさしさ」よりお互いを傷つけない「やさしさ」。
　その根底にあるのは，「傷つけてはいけない」という思い。

表 8-5　コールバーグの道徳性の発達段階（山岸，1976）

レベル 1：前慣習的水準（Preconventional Level）（道徳的価値は，外的，準物理的できごとや行為にある）
　ステージ 1：罰や制裁を回避し，権威に対し自己中心的に服従。
　ステージ 2：報酬，利益を求め，素朴な利己主義に志向。
レベル 2：慣習的水準（Conventional Level）（道徳的価値は，よい又は正しい役割を遂行し，conventional（紋切型）な秩序や他者の期待を維持することにある）
　ステージ 3：よい子への志向。他者からの是認を求め，他者に同調する。
　ステージ 4：義務を果たし，与えられた社会秩序を維持することへの志向。
レベル 3：原則的水準（Principled Level）（道徳的価値は，自己自身の原則，規範の維持）
　ステージ 5：平等の維持，契約（自由で平等な個人同士の一致）への志向。
　ステージ 6：良心と原則への志向。相互の信頼と尊敬への志向。

　子どもたちが現時点でどの発達段階に相当するかは，道徳的ジレンマを含む例話に対する反応をもとに判断します。コールバーグが用いた例話の一つであるハインツの例話は，つぎのようなものです。

　「ハインツの妻が重病にかかり，医者から，ある薬を使えば助かるかもしれないと言われました。その薬は最近ある薬屋が開発したばかりのもので，開発費の10倍の値段で売っています。ハインツは，知人からお金を借りて回りましたが，薬代の半分しか集められませんでした。そこでハインツは，妻が死にそうだという理由を話し，薬代を安くしてもらえないか，あるいは足りない分は後で払うようにしてもらえないかと薬屋に頼みました。しかし，薬屋は，これで儲けるつもりだからと断りました。途方に暮れたハインツは，妻を助けるために，薬屋に泥棒に入り，薬を盗み出しました。」

　このような例話を読み，主人公はどうすべきだったかと尋ね，その理由を尋ねます。泥棒に入った主人公の行動に賛成だから道徳性の発達段階が低いとか，反対だから道徳性の発達段階が高いということではありません。賛成でも反対でも，どちらにしてもその理由が重要な意味をもちます。主人公のとった行動になぜ賛成なのか，なぜ反対なのか，その理由づけの仕方から道徳性の発達段階を判断します。表8-6に6つの段階の具体的な反応例が，賛成・反対それぞれについて示されています。

8.3.2　道徳性の発達

　同じく向社会的行動をとるにしても，その理由はさまざまです。そして，そこには認知能力の発達が深く関係しています。ステレオタイプ的な善悪の判断（盗むのは悪いことだ，など）や承認を志向した判断（叱られるから，ほめられるから，など）は小学校時代には増加し，高校時代には減少することがわかっています。そして，高校生になると，同情や役割取得に基づくより洗練された判断が増加します（アイゼンバーグ=バーグ，1979）。

　山岸（1976）は，小学5年生，中学2年生，高校2年生，大学生・大学院生を対象に，上述のような例話を用いて，「主人公はどうすべきか」「その理由は」と尋ね，その反応をもとにそれぞれの発達段階を判断しました。その結果，

表8-6　ハインツの例話への発達段階ごとの反応例（渡部，1995；渡部，2019）

水準	段階	賛否	反応
前慣習的	第1	賛成	もし妻を死なせたら，彼（ハインツ）は困ったことになる。妻を救うためにお金を使わなかったと非難され，彼と薬屋は取り調べを受けるだろう。
		反対	盗んだら捕まって刑務所に入れられるので，盗むべきではない。もし逃げても，警察が捕まえに来るのではないかと，いつもびくびくするだろう。
	第2	賛成	もし捕まっても，薬を返せばそれほど重い刑は受けなくてすむ。少しの間くらい刑務所にいても，出てきたときに妻がいるならよいではないか。
		反対	薬を盗んでもそれほど刑期は長くない。しかし，彼が刑務所を出る前に，妻は死ぬでしょう。もし妻が死んでも，彼は自分を責めてはいけない。妻が癌にかかったのは彼のせいではないのだから。
慣習的	第3	賛成	薬を盗んでも誰も悪いとは思わない。しかし，盗まなかったら，家族の人は彼を"人でなし"だと思うでしょう。妻を死なせたら，二度と人の顔をまともに見ることができなくなる。
		反対	彼が犯人だと思うのは，薬屋だけではない。みんながそう思う。盗んだ後で，自分が，家族や自分自身にどんなに不名誉なことをしたのかを考えて嫌になる。二度と人に顔を合わせられなくなる。
	第4	賛成	彼に誇りがあれば，妻を助けるためにすることのできる唯一のことをするのが恐ろしいからといって，妻を死なせたりはしないでしょう。妻に対する義務を果たさないなら，彼女を死なせたことに対して罪の意識をもち続けるだろう。
		反対	死にものぐるいになっているから，薬を盗んでいるときは，悪いことをしていると気づかないかもしれない。しかし罰を受け，刑務所に入ってから自分が悪いことをしたとわかるでしょう。そして，自分の不誠実さと法を犯したことに対して，いつも罪の意識を感じることになる。
原理的	第5	賛成	薬を盗まないと，他の人からの尊敬を失い，取り戻すことができない。妻を死なせたとしたらそれは恐れからであって，よく考えてのことではない。その結果，彼は自尊心を失い，たぶん他の人からの尊敬も失うでしょう。
		反対	地域社会における自分の地位と尊敬を失うことになり，法を破ることにもなる。感情に押し流されて長い目でみることを忘れれば，自尊心も失うことになるだろう。
	第6	賛成	薬を盗まないで妻を死なせたら，後々そのことで自分を責めることになるでしょう。盗んでも非難されないでしょうし，法の目の届かないところで生活すればよい。しかし盗まないと，自分の良心の規範に従って生きられないだろう。
		反対	薬を盗んでも他の人から非難されることはないが，自分の良心と正直さという規範に従わなかったことで，自分自身を責めることになる。

小学生より高校生，高校生より大学生のほうが発達段階の高い者の比率が高くなっていることがわかりました（図8-3）。ただし，中学生の場合は，小学生と比べて，第4段階の者の比率は増えるものの，第2段階の者の比率も増えており，道徳性の発達段階の上昇が止まっている感じもあります。これは，前節で述べた，向社会的行動は児童期以降増加していくが，児童期中期から青年期にかけて一時的に減少するという傾向と一致するもので，他律的な道徳心から自立的な道徳心への移行期における心の葛藤によるものとみなすこともできます。

　道徳性の発達については，かつては青年後期から成人初期に最も高い段階に到達し完成するとみなされていましたが，コールバーグとヒギンズ（1984）は，30代でも道徳的に成長することを実証しています。成人後の道徳性に関しては，認知能力の発達だけでなく，人生経験や価値観が大きく影響していると考えられるので，単に年齢による発達の流れを想定することはできません。

8.4　共感性

8.4.1　共感の心理メカニズムとその発達

　思いやりのある行動をとるには，相手の立場や気持ちに共感することが前提となります。共感ができなければ，自分の立場や気持ちを前提とした行動しかとれません。では，共感というのは，どのような心理機能を指すのでしょうか。

　共感性は，心理学においては，認知的側面と感情的側面の双方からとらえるのが主流となっています（図8-4）。デイヴィス（1983）は，共感性の認知的側面を視点取得と空想でとらえ，感情的側面を共感的関心と個人的苦痛でとらえる尺度を作成しています。視点取得とは，他者の視点に立って物事をとらえることです。空想とは，この場合，小説や映画の登場人物に自分を重ねることを指します。共感的関心とは，他者に同情したり配慮したりすることを意味します。個人的苦痛とは，この場合，相手に援助が必要な場面で苦しみを味わうことを指します（図8-5）。

　認知的側面の視点取得と空想は，共に他者の気持ちがわかることにつながる

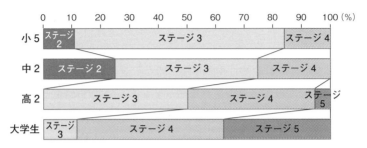

図 8-3　年齢段階による道徳性発達段階の比率の違い（山岸，1976）

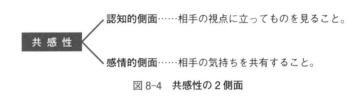

図 8-4　共感性の 2 側面

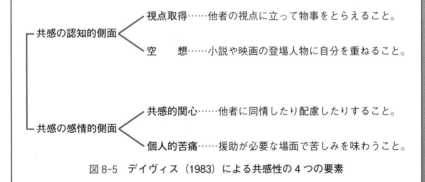

図 8-5　デイヴィス（1983）による共感性の 4 つの要素

ため，向社会的行動を促進すると考えられます。一方，感情的側面では，共感的関心は他者の立場や気持ちに同情することで向社会的行動を促進すると考えられますが，個人的苦痛は他者の緊張する状況に接することで自分の中に生じる不安や動揺を避けようとする心理を生み，向社会的行動の抑制につながると考えられます。

　利他的行動などの向社会的行動の年齢に伴う発達には，役割取得など認知能力の発達が影響しているとみなされます（アンダーウッドとムーア，1982）。ホフマン（2000）も，年齢とともに認知能力が発達し，認知面において共感性が高まることにより向社会的行動が促進されるとしています。子どもは，1歳半頃から自他の経験を区別できるようになり，自分の感情面の変化が他者の出来事への反応だとわかり，2歳以降になると他者の苦痛な状況を理解しようとしたり慰めようとしたりするようになります。実際，乳幼児期には，相手の感情や状況を理解しようとする認知的反応や相手を慰めようとする向社会的行動が年齢とともに増加することが示されています（ツァーン＝ワクスラー，1992）。

　相手の立場からするとこのように考えるのは当然というように認知的に理解したり，相手の気持ちを想像して同情したりすることが，思いやりのある向社会的行動を促すのであれば，このような共感性を高めることが大切といえます。

　共感性の感情面についても，大学生を対象とした調査により，櫻井たち（2011）は，共感的感情反応（表8-7）得点が高いほど向社会的行動をとることが多いことを確認しています。また，共感的感情反応の中でも，ポジティブな感情への好感・共有得点が高いほど攻撃行動が少ないことも確認しています。とくに共感性の感情的側面の欠如が攻撃行動やいじめにつながっていることを示すデータも報告されています（ロベットとシェフィールド，2007）。植田・桂田（2021）は，1〜3歳の乳幼児を対象とした実験において，他者のポジティブな感情反応に共感してポジティブな感情を示す反応は年齢とともに増加することを確認しています。溝川・子安（2017）は，情動コンピテンス（第6章参照）が高いほど共感的関心得点が高く，個人的苦痛得点が低いことを報告しています。

表 8-7　**共感的感情反応尺度の因子と項目例**（櫻井たち，2011 より抽出）

「ポジティブな感情への好感・共有」因子
　　項目例：成功して嬉しそうな人を見ると，祝いたい気持ちになる
　　　　　　人が幸せそうにしている光景を見ると，暖かい気持ちになる
　　　　　　相手が喜んでいると，自分も嬉しくなる
「ネガティブな感情の共有」因子
　　項目例：相手が不安を感じていると，自分も同じ気持ちになる
　　　　　　つらそうにしている人といると，自分もその人と同じようにつら
　　　　　　くなる
　　　　　　悲しんでいる人と一緒にいると，その人の悲しみが自分のことの
　　　　　　ように感じる
「ネガティブな感情への同情」因子
　　項目例：困っている人がいると，かわいそうだと思う
　　　　　　災害にあって困っている人を見ると，同情の気持ちがわいてくる
　　　　　　人が冷たくされているのを見ると，かわいそうになる

8.4.2　視点取得と道徳性・向社会的行動

　共感性が高いほど，道徳的判断や向社会的行動が促進されると考えられますが，西村たち（2015）は，共感性の認知的側面の**視点取得**（他者の視点に立って物事を考える），および感情的側面のポジティブな感情の共有（他者のポジティブな気持ちと同じ気持ちになる）・ネガティブな感情の共有（他者のネガティブな気持ちと同じ気持ちになる）を促進する教育プログラムによって共感性が高まることを検証しています。

　共感性の重要な要素ともいえる視点取得，つまり他者の視点に想像力を働かせる能力の発達は，**思いやり行動**の基盤にもなる道徳性の発達にとっても重要な要因となると考えられます。

　モア（1974）は，児童期後期の子どもたちを対象に，視点取得と道徳性の発達の関係を検討する調査を行い，両者の間に有意な相関を見出しています。ここからも，視点取得といった認知発達が道徳性の発達を促進する条件になっていることが示唆されます。さらに，デイヴィスとフランゾア（1991）は，視点取得や相手の気持ちを共有する能力など，認知面および感情面の共感性は，児童期から青年期にかけて著しく発達することを見出しています。このような共感性の発達が，児童期・青年期の道徳性の発達を後押ししていると考えられます。

　このように共感性が発達し，他者の視点に想像力を働かせることができるようになることが，攻撃性を抑制すると考えられます。リチャードソンたち（1994）は，共感性が攻撃感情や対立的な反応と負の関係にあること，また相手の視点に立ってみるように言われた者はそうでない者より攻撃的な反応を示すことが少ないことを証明しています。

　こうしてみると，道徳性の発達，そして向社会的行動の促進のためには，他者の視点に想像力を働かせるように働きかけ，共感性を高めるのが有効であるといえます。

9

パーソナリティの発達

9.1 パーソナリティ形成の遺伝要因

　同じような状況でも人によって反応が違います。また，同じ人でも場面が変われば違った様子をみせます。しかし，そこには何らかの法則性があるように思われます。そうした個人差や個人内の法則性を説明するのがパーソナリティです。榎本（2020）は，パーソナリティとは，一人ひとりの行動（思考や感情も含める）を決定づける心身統一的な体制で，持続性・一貫性をもつが，けっして固定的なものではなく，たえず発展しつつあるものと定義しています。

　人間の発達を規定する遺伝要因や環境要因の絡み合いについては第1章で取り上げました。ここではとくにパーソナリティ形成の要因についてみていくことにします。

9.1.1　行動特徴にみられる遺伝要因

　子どもの行動特性や体質に関して，その形成に遺伝要因がどの程度関与しているかを調べるためにさまざまな研究が行われています。双生児研究法を用いた研究結果を示したのが表9-1ですが，これをみると，歯ぎしり，夜尿，夢遊，爪かみ，指吸い，乗物酔い，便秘など，多くの行動や癖，体質に関して，遺伝要因が強く関与していることがわかります。

　不注意，多動，衝動行為といった行動特徴を示す注意欠如・多動性症候群（ADHD；第12章参照）に遺伝要因が強く絡んでいることは双生児研究からも明らかにされていますが，神経伝達物質ドーパミンに影響する遺伝子との関連が報告されています（スモーラー，2002）。

　喫煙行動と神経伝達物質ドーパミンの受容体遺伝子の配列との関連を示唆する報告もあります。また，喫煙者には神経症傾向の強い人が多いとされていますが，神経症傾向の強さと関連するとされる神経伝達物質セロトニンのトランスポーター遺伝子配列をもつ人が喫煙者に多いことが報告されています（滝本・岩崎，2002）。

表 9-1　小児期の行動特徴および体質に関する双生児対間の一致率
（阿部・小田，1978 より改変）

		一卵性		二卵性		卵性間差の有意水準
		総数（組）	一致率	総数（組）	一致率	
睡眠中の行動	歯ぎしり	15	93%	68	44%	$p < .001$
	夜尿	53	68%	42	36%	$p < .01$
	夢遊	19	47%	14	7%	$p < .04$
くせ	爪かみ	77	66%	55	34%	$p < .001$
	指吸い	80	58%	43	44%	有意差なし
体質	乗物酔い	46	74%	35	29%	$p < .001$
	便秘	23	70%	17	18%	$p < .005$

9.1.2　パーソナリティ特性にみられる遺伝要因

1. 活 動 性

双生児研究により，せっかちかのんびりかという心的活動性には遺伝が強く絡んでいることが示されています（詫摩，1967）。

新生児を10年以上にわたって追跡した縦断的研究によっても，新生児にすでに活動水準の個人差があり，それが長期間にわたって持続することが示されています（トーマスたち，1970）。たとえば，生後2カ月の時点でよく動き，活動水準が高いと判定された子は，5歳の時点で食事中に少しもじっとしていられず，10歳の時点でも宿題を終えるまでじっとすわっていられないというように，一貫して活動水準の高さに関連した行動傾向を示しました。反対に，生後2カ月の時点であまり動かず，活動性が低いと判定された子は，5歳の時点で長いドライブの間じっとすわっていられるし，10歳の時点でも食べるのが遅いというように，一貫して活動水準の低さと結びつく行動傾向を示しました（表9-2）。

2. 外 向 性

外向性に関する双生児対間の相関は，1万2,777組の双生児を対象とした研究では一卵性0.51，二卵性0.21，2,903組の双生児を対象とした研究でも一卵性0.52，二卵性0.17となっており，いずれも一卵性の相関係数のほうが2倍以上の大きさであり，遺伝規定性の強さを示しています（プロミン，1990）。

このように，外向性には遺伝要因が強く絡んでいることが双生児研究から明らかですが，遺伝子に関する研究でも，外向性に関係すると考えられる新奇性を好む性質と神経伝達物質ドーパミンとの関係が示唆されています。すなわち，新奇性を好む性質とドーパミン受容体遺伝子の配列タイプとの関連が報告されています（ベンジャミンたち，1996）。

3. 神経症傾向

神経症傾向に関する双生児対間の相関は，1万2,777組の双生児を対象とした研究では一卵性0.50，二卵性0.23，2,903組の双生児を対象とした研究でも一卵性0.50，二卵性0.23となっており，いずれも一卵性の相関係数のほうが2倍以上の大きさであり，遺伝規定性の強さを示しています（プロミン，1990）。

表 9-2　**気質の持続性の一例**（トーマスたち，1970 より作成）

	活動水準	
	高い	低い
2カ月	睡眠中よく動き，おむつをかえるとき動きまわる。	着がえのときも，睡眠中も動かない。
6カ月	浴槽の中に立とうとしたり，水をパチャパチャはね返す。ベッドの中でとび上がる。犬を這って追う。	受身的に入浴。ベッドの中で静かに遊び，そのうち寝てしまう。
1歳	かなり速く歩く。どんどん食べる。何にでもよじ登る。	ミルクを飲み終わるのが遅い。すぐ眠る。おとなしく爪を切らせる。
2歳	家具の上に登る。探検する。寝かされるとベッドから出たり入ったりする。	パズルなどで静かに遊ぶのが好き。何時間でもレコードを聴いている。
5歳	食事の間にしょっちゅうテーブルを離れる。いつも走っている。	洋服を着るのに時間がかかる。長いドライブの間じっとすわっている。
10歳	ボール遊びなどのスポーツをやる。宿題をする間じっと長くすわっていられない。	チェスや読書を好む。食事のスピードがのろい。

　このように，神経症傾向に遺伝要因が強く絡んでいることが双生児研究から明らかですが，遺伝子に関する研究でも，神経症傾向と神経伝達物質セロトニントランスポーター遺伝子との関連が示唆されています（レッシュたち，1996）。

　日本人には，不安傾向の強さと関連するとされるセロトニントランスポーター遺伝子の配列タイプをもつ人が非常に多いことがわかっています。また，日本人には，新奇性を求める傾向と関連するとされるドーパミン受容体遺伝子の配列をもつ人がほとんどいないこともわかっています。そこから，慎重で対立を避ける日本的パーソナリティには遺伝的基礎があると考えられます（周防・石浦，1999）。

4. 遺伝的基礎が想定される気質の3因子

　クロニンジャーたち（1993）は，新奇性追求，損害回避，報酬依存，固執という4つの気質因子が遺伝的に独立の基礎をもつパーソナリティの基本構造をなすとします。ストーリングたち（1996）は，約1,300組の双生児のデータを検討し，これら4つの気質因子のうち新奇性追求，損害回避，報酬依存の3つについては，遺伝的に独立であることを示唆するデータを得ています。安藤たちも同様の結果を得ています（安藤・大野，1998；安藤たち，2002，2004）。

　新奇性追求とは，目新しいものを積極的に探索したり，衝動的に決断したり，気が短かったりする積極的・攻撃的な性質を指します。損害回避とは，将来に対して悲観的でくよくよしたり，不確かなことを恐れたり，人見知りするなど，傷つくのを避けようとする消極的・防衛的な性質を指します。報酬依存とは，人に対する愛着が強く，人から支持してほしいといった気持ちを強くもつ受動的な性質を指します（表9-3）。

9.2　パーソナリティ形成の環境要因

9.2.1　家庭環境とパーソナリティ形成

1. 親の養育態度

　パーソナリティ形成に影響する家庭環境の要因として，多くの人が思い浮か

表 9-3 遺伝的に独立であるクロニンジャーの 3 つの気質

新奇性追求：行動の活性化機能に対応
目新しいものを積極的に探索したり，衝動的に決断したり，気が短かったりする積極的・攻撃的な性質。

損害回避：行動の抑制機能に対応
将来に対して悲観的でくよくよしたり，不確かなことを恐れたり，人見知りするなど，傷つくのを避けようとする消極的・防衛的な性質。

報酬依存：行動の維持機能に対応
人に対する愛着が強く，人から支持してほしいといった気持ちを強くもつ受動的な性質。

べるのは**親の養育態度**でしょう。サイモンズが受容的か拒否的か，支配的か服従的かという2つの軸を組み合わせて，親の養育態度を過保護型，甘やかし型，残酷型，無関心型の4つに分類して以来（図9-1），親の養育態度と子どものパーソナリティの関係について，多くの研究が行われ，さまざまな知見が報告されてきました。

　親の養育態度が子どものパーソナリティ形成に影響するということは否定できませんし，多くの人はそれを当然のことと考えているはずです。ただし，注意しなければならないのは，親の養育態度と子どものパーソナリティの相関の意味の解釈です。かつてベル（1968）も指摘したように，両者の相関は，親から子への因果の流れによる解釈が妥当な場合だけでなく，子から親への流れによる解釈が妥当な場合もあり得るからです。たとえば，子どもが素質的に活動性の高いパーソナリティであるために親が制止的にかかわらなければならなくなるというようなこともあるでしょうし，子どもが素質的に積極的に動かないため親がいちいち行動を促さなければならないというようなこともあるでしょう。そこには遺伝と環境の相互作用が働いているといえます（図9-2）。

2. 発達期待

　パーソナリティ形成に影響する家庭環境の要因として，親のもつ**発達期待**もあります。これについては，第1章で人間形成の方向性を規定する発達期待の文化差について解説しました。その文化の範囲を国家から地域社会へ，さらには家庭へと狭めていくと，パーソナリティ形成に与える家庭環境の要因としての発達期待にたどり着きます。たとえば，はっきり自己主張しリーダーシップを発揮する子になってほしいという発達期待をもつ親の元で育つ子と，思いやりがあり人と協調的にかかわれる子になってほしいという発達期待をもつ親の元で育つ子では，パーソナリティ形成の方向性に違いが出てくると考えられます。あるいは，しっかり勉強して頭の良い子になってほしいという発達期待をもつ親の元で育つ子と，がつがつ勉強せずに活発に動き回ってスポーツの得意な子になってほしいという発達期待をもつ親の元で育つ子では，やはりパーソナリティ形成の方向性に違いが出てくるでしょう。

　村瀬（2009）は，親の発達期待によって子どもに対する行動が異なり，自律

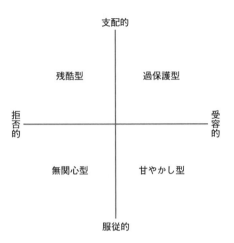

図 9-1　サイモンズの親の養育態度の類型

方向①：親の養育態度がパーソナリティ形成を方向づける。
方向②：子どもがもともと素質的にもっているパーソナリティ
　　　　が親の養育態度を方向づける。

図 9-2　親の養育態度と子どものパーソナリティの影響関係の2方向性

性や関係性を重視する発達期待をもつ親は共感的な言葉がけが多く、達成を重視する発達期待をもつ親は物事の実用面を重視したかかわり方が多いことを指摘しています。これを踏まえた研究により、島・浦田（2013）は、自律性や関係性を重視する親は配慮型の養育態度をとり、達成を重視する発達期待をもつ親は強制型の養育態度をとる傾向があることを見出しています。このように親のもつ発達期待が親子の相互作用を通して子どものパーソナリティ形成に影響すると考えられます。

3. モデリング

パーソナリティ形成に影響する家庭環境の要因として、モデリングもあります。モデリングとは、身近な人物や愛着を感じる人物、尊敬する人物などの態度や行動を真似ることです。幼い子どもにとって最も身近なモデルは親です。そこで、子どもは知らず知らずのうちに親の態度や行動を真似るようになります。それがモデリングの効果です（表9-4）。

親が人に親切にしたり、思いやりのある言葉をかけたりするのを常日頃から見ていると、自然に同じようなことをするようになるものです。これはまさにモデリングの効果といえます。読書はためになるから本を読むようにといつも言っているのに読まないと嘆く親に、自分はどのくらい本を読んでいるかを問うと、まったく読んでいないというようなこともあります。その場合、子どもは、親が言うようになるのではなく、親がしているようになっているわけです。これもモデリングの効果といえるでしょう。

9.3 パーソナリティ形成の主体的要因

9.3.1 青年期以降に活発になる主体的自己形成

パーソナリティ形成においては、遺伝要因と環境要因が複雑に絡み合っていますが、パーソナリティは遺伝と環境の作用によってただ受動的につくられるというわけではありません。パーソナリティ形成には、本人の意志によって一定の方向に形成していこうとする主体的・能動的な側面もあります。これは、とくに青年期以降に強く働く要因といえます。

表 9-4　モデリング

モデリング……身近な人物や愛着を感じる人物，尊敬する人物などの態
　　　　　度や行動を真似ること。

現実に接する人物だけでなく，本の著者や登場人物，メディアを通
して接するスポーツ選手や芸能人，漫画やアニメの登場人物などが
モデルになることもある。

子どもは知らず知らずのうちに親の態度や行動を真似るようになる
が，その場合は親がモデルになっている。

　青年期は，第2反抗期とか第2の誕生とかいわれるように，主として親など
の影響のもとに受動的につくられてきたパーソナリティを自覚的につくり変え
ていく時期です。青年期になると，それまで主に外の世界に向いていた目が自
分自身の内面に向くようになります。そこに，見る自分と見られる自分の分裂
が生じ，自己を客体視する傾向が強まります。見られる自分を意識することで，
自己と他者を比較する傾向も強まります。そこで，自分自身に対する関心が強
まり，自分らしさとは何か，自分はどうあるべきかなどと，自己のアイデンテ
ィティをめぐる問いが活性化されます。

　主体的に自己形成していくには，自分なりの価値観をもつことが必要です。
そこで，青年期には価値の世界に目覚め，読書を通して，あるいは親しい友だ
ちや尊敬する先輩などとの語り合いを通して，これまで押しつけられてきた周
囲の大人たちの価値観を批判的に検討し，拠り所となる価値を追い求めるよう
になります。そうした動きの中で，パーソナリティも主体的につくり直されて
いきます。このようにして自己のアイデンティティを意識するようになると，
日々の行動に一貫性がみられるようになってきます。

9.4　パーソナリティの発達的変化と安定性

9.4.1　パーソナリティの発達的変化

　年齢とともにパーソナリティは変化するのか，それともあまり変化しないの
か，といった議論があります。まずは，パーソナリティの変化する側面につい
てみていきましょう（表9-5）。

　ハーンたち（1986）は，縦断的データをもとに，児童期にはパーソナリティ
は安定しており，30代から40代の間でパーソナリティの変化が起こりやすい
としています。ジョーンズとメレデス（1996）は，ハーンたちと同じデータを
再分析した結果，パーソナリティを測定した6つの次元のうち4つの次元で発
達的変化がみられ，パーソナリティの側面によって安定性も発達的変化の仕方
も異なることを見出しました。すなわち，自信はほぼ加齢とともに上昇し，知
的志向や誠実性は18歳から30歳にかけて上昇した後に安定を示し，外向性は

表 9-5　**加齢に伴うパーソナリティの変化に関するさまざまな知見**

- 児童期にはパーソナリティは安定しており，30 代から 40 代の間でパーソナリティの変化が起こりやすい。

- 自信はほぼ加齢とともに上昇する。
- 知的志向や誠実性は 18 歳から 30 歳にかけて上昇した後に安定する。
- 外向性は 30 歳から 40 歳にかけて上昇した後に安定する。

- 老年期になると内向性が強まる。
- 老年前期から老年後期にかけて外向性は低下する。

- 加齢とともに抑うつ性，心気性，ヒステリー性などの神経症傾向が強まる。

- 加齢とともに不安傾向が低くなる。

- 加齢とともに固さや頑固さが強まる。

30歳から40歳にかけて上昇した後に安定することが示されました。

　成人期から老年期への変化に焦点を当てた研究においては，加齢とともに内向性が強まるといった知見がしばしば報告されています。たとえば，シャイエとパーハム（1976）は，21〜84歳を対象とした調査により，内向性には年代差があり，老年期の人は他の年代の人より内向性が高いことを見出しています。フィールドとミルサップ（1991）は，老年前期と老年後期の人たちを対象に14年を隔てた追跡調査を行った結果，両群において外向性の低下を見出しています。

　加齢とともに抑うつ性，心気性，ヒステリー性などの神経症傾向が強まるとする報告もあります（レオンたち，1979；ポステマとシェル，1967）。これは，加齢に伴い体力が衰え病気になりやすくなるといった否定的な現実によってもたらされる変化とみることもできます。

　加齢とともに不安傾向が低くなるという報告もあります。中里・下仲（1989）は，25〜92歳を対象とした調査により，状態不安も特性不安も加齢とともに低下することを見出しています。そこにはさまざま人生経験を積むことが関係していると考えられます。

　加齢とともに固さや頑固さが強まるという報告（ボトウィニック，1973）や，養育的，親密的，寛容になるという報告（ハーン，1985；リブソン，1981）もあります。

　ユングの個性化の過程の概念をはじめ，人は人生の後半の自己実現のプロセスにおいてこれまで開発されていない面を開発することによって全面的に自己の可能性を開花していくという考え方があります。しばしば指摘される加齢に伴う性役割の逆転現象，すなわち男性が女性化し女性が男性化していく傾向に関して，星（2002）は逆転というより男女ともに両性具有的になると考えたほうがよいとしています。そうした傾向も全面的に自己を開発していく自己実現傾向のあらわれとみることもできるでしょう（榎本，2006）。実際，年代別ジェンダー・タイプについての調査を行った土肥（2011）は，男女とも加齢とともに両性具有型の比率が増加し，60代以上では圧倒的多数が両性具有となることを見出しています（図9-3）。このような傾向に関して，男女ともに男性

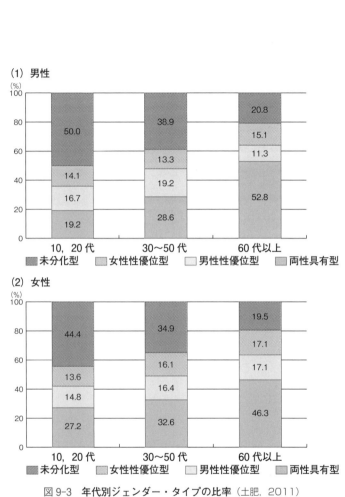

図 9-3　年代別ジェンダー・タイプの比率（土肥, 2011）

性も女性性も兼ね備えることの必要性を説く柏木（2013）は，高齢期の男女に
みられるパーソナリティの変化について自ら行った調査データをもとに，「男
性としてでも女性としてでもなく，性を超えて人間として大事な心と力が加齢
と共に発達し成熟するのです」としています。

　パーソナリティそのものの発達的変化ではありませんが，榎本（2003）は，
大学生と大学生の親である中年期の人たちを比較した調査研究において，青年
群のほうが中年群よりも自分の過去を否定的に評価し，自分の過去にとらわれ，
自分の過去について想起したり人に開示したりする傾向が強いことを見出して
います。下仲（1988）は，大学生と老年期の人たちを比較した研究において，
老年群のほうが過去の自己に対しても現在の自己に対しても肯定的であること
を見出しています。こうした知見を総合すると，青年期には成人期と比べて自
分の過去に対しても現在に対しても否定的な傾向があるといえそうです。これ
は不安傾向とも関係しており，加齢とともに不安傾向が低下するという知見と
符合します。

9.4.2　パーソナリティの安定性

　このような知見の積み重ねがある一方で，パーソナリティは生涯を通じて安
定しており，発達的変化はほとんどみられないとする立場をとる研究者たちも
います（表9-6）。

　ケイガンとモス（1962）は，25年間にわたる縦断研究により，乳幼児期，
児童期，青年期，成人期を通して，対人的な行動や心理にはかなり高い安定性
があることを見出し，成人の性格は幼少期に形成されるとする立場を支持する
データを得たとしています。

　前出のトーマスたち（1970）は，0歳時から活動水準，順応性，反応強度，
気分の質，固執性などの気質的な側面の測定を続け，10歳になるまでの縦断
的データを検討しました。その結果，ほとんどの子は9つの気質のうち半数ほ
どにおいて10年間にわたる安定性を示すことを見出しています。

　ブロンソン（1966，1967）は，5～7歳の頃のパーソナリティと，それから
24年後に相当する30歳の頃のパーソナリティを比較し，とくに外向的な側面

表 9-6　パーソナリティの安定性に関するさまざまな知見

- 乳幼児期，児童期，青年期，成人期を通して，対人的な行動や心理にはかなり高い安定性がある。

- 5〜7歳から24年後の30歳にかけて，とくに外向的な側面は安定的である。

- 20代および90代において6年間を隔てて測定した結果，神経症傾向，外向性，経験への開放性，協調性および誠実性のビッグ・ファイブと呼ばれる基本的な特性に変化はみられない。

- 成人後期に安定したパーソナリティを示した人は老年期にも適応が良好である。

- もともとよく適応し，柔軟で調和的なパーソナリティの持ち主は，老人になっても頑固になったりしない。

は安定的であることを見出しています。

コスタとマックレー（1988）は，20代から90代の人たちを対象に，神経症傾向，外向性，経験への開放性，協調性および誠実性，いわゆるビッグ・ファイブと呼ばれる基本的な特性を測定するパーソナリティ検査を6年の間隔を置いて2度実施しました。その結果，パーソナリティには加齢による変化はみられないと結論づけています。

レオンたち（1979）は，成人後期から老年期にかけて30年にわたる縦断研究において，MMPIでとらえたパーソナリティのプロフィールはかなり安定しており，成人後期に病的でなく安定したパーソナリティを示した人は老年期にも適応が良好であることを示唆するデータを得ています。これに関しては，下仲（1997）も，頑固さなどの好ましくないパーソナリティ特徴が老年期になって目立ってきた場合，それは知的能力や自己抑制力の低下や環境の変化のために適応が困難となり，元来本人がもっていたパーソナリティ特徴が先鋭化したものであって，もともとよく適応し，柔軟で調和的なパーソナリティの持ち主は老人になってもそのような変化は示さないと指摘しています。ただし，レオンたちの研究において，抑うつ性，心気性，ヒステリー性などに関しては，加齢に伴って強まることが見出されました。

9.4.3　パーソナリティの3つの層

このようにみてくると，パーソナリティには発達的変化を示す側面と安定的で変化しにくい側面があるようです。長年来の友だちを思い浮かべると，昔から一貫したその人らしさが感じられるものです。それがパーソナリティの安定的な側面といえます。しかし，たとえばその交友関係が幼児期以来のものであれば，幼児期のその人には幼児らしさが，青年期のその人には青年らしさがあったことが思い出され，現在中年期のその人には中年らしさが漂っているのも事実でしょう。また，受験の失敗や会社の倒産といった重大なライフイベントに見舞われたのをきっかけに，パーソナリティのある側面が大きく変わるというケースもあります。

そこで榎本（2004）は，パーソナリティの発達を3つの層に分けてとらえる

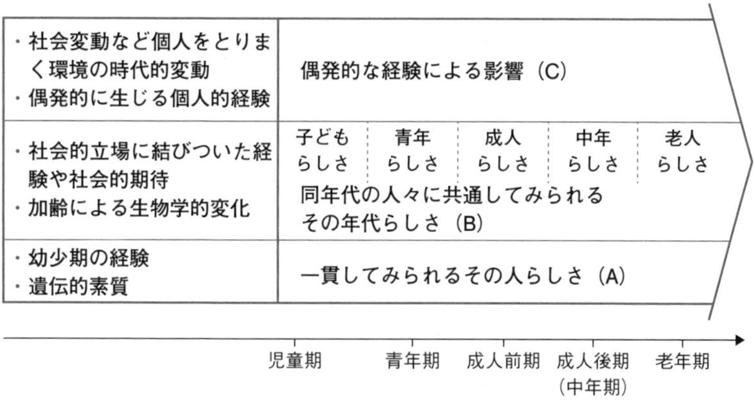

・社会変動など個人をとりまく環境の時代的変動 ・偶発的に生じる個人的経験	偶発的な経験による影響（C）				
・社会的立場に結びついた経験や社会的期待 ・加齢による生物学的変化	子ども らしさ	青年 らしさ	成人 らしさ	中年 らしさ	老人 らしさ
	同年代の人々に共通してみられる その年代らしさ（B）				
・幼少期の経験 ・遺伝的素質	一貫してみられるその人らしさ（A）				

児童期　　　青年期　　成人前期　成人後期　老年期
（中年期）

図 9-4　3 つの層に分けてパーソナリティの発達的変化をとらえる（榎本，2004）

モデルを提起しています（図9-4）。図の下層部がパーソナリティの基本的な部分で，一貫してみられるその人らしさをあらわします（Aの部分）。図の中間の層が同年代の人々に共通してみられるその年代らしさをあらわします（Bの部分）。これらが絡み合って，その時々の個人のパーソナリティの基本的部分が形成されるとみることができます。図のAの部分は，遺伝的素質に基づくとされる気質と可塑性の高い幼少期の経験によってつくられるパーソナリティの基底部分を意味します。図のBの部分は，加齢とともに生じる生物学的変化に伴って表面化するパーソナリティの側面や，各年代の社会的立場と結びついた経験や社会的期待によってつくられるパーソナリティの社会性を帯びた側面を意味します。さらに，図の上層部は偶発的な経験の影響を受けたパーソナリティの側面ですが（Cの部分），これがパーソナリティの発達的変化に思いがけない影響を与えることになります。これら3つの相互作用によって，その時々の個人のパーソナリティの特徴が形成されると考えます。

10

ライフサイクルと
発達段階

10.1　発達のライフサイクル論

　人間の発達をライフサイクルとしてとらえようという理論を**発達のライフサイクル論**といいます。発達のライフサイクル論は，一人ひとりの人生はそれぞれに個性的なものであるにしても，人生全体の流れをみると，そこには一定のパターンがみられ，だれもが生涯を通じてそのパターンを繰り返すということを前提としています。

　発達のライフサイクル論の代表が，レビンソンによるものです。児童が青年になり，そして成人になっていくように，成人してからも一定の順序で発達していくとするレビンソンは，ライフサイクルという観点から人間の心理的な発達をとらえようと試みました（コラム10-1）。レビンソン（1978）は，人生をライフサイクルという観点からとらえることに含まれる意味として，つぎのような2点を指摘しています。

①人生を誕生から死に至るまでの過程または旅とみなす。そして，そこに万人に共通の一定のパターンがあり，速度を速めたり，回り道をしたり，いったん歩みを停止したりということはあっても，一定の順序に従って進行するとみなす。

②人生を一連の時期または段階に分け，それぞれの時期を一つの季節とみなす。すなわち，人生は質的に異なる季節からなり，それぞれの季節は独自の性格をもつとみなす。

10.2　発達段階

　人間の発達過程をとらえる際に，年齢段階による発達水準の違いに着目し，いくつかの発達段階に分けるということが行われます。乳児期，幼児期，児童期，青年期，成人期，老年期といった発達段階の区分がその典型です。

10.2.1　エリクソンの発達段階論

　エリクソンは，人間の生涯を8つの発達段階に分ける**心理・社会的発達段階**

コラム10-1　ライフサイクルというとらえ方について

　比喩的に考えれば，一年の四季とライフサイクルの四季との関連性がわかる。

(中略)

　季節という言い方をするのは，ライフコースには一定の形があり，限界のはっきりした一連の段階を経て発展するということである。季節はライフサイクル全体から見れば比較的安定した時期を言う。夏は冬とは異なる性格をもち，たそがれどきは日の出どきとはまったく違う。だが季節が比較的安定していると言っても，動かないとか静止しているということではない。それぞれの季節のなかでも変化が進んでおり，ある季節から次の季節への移行には過渡期が必要である。どの季節のほうが良いとか，どの季節のほうが重要だというようなことはない。それぞれライフサイクルの中で大切な位置を占め，その独自の性格でライフサイクル全体に寄与している。過去と未来を結び，過去と未来の両方を包含して，ライフサイクルの有機的一部となっている。

(レビンソン『ライフサイクルの心理学（上）』講談社学術文庫)

論を唱えています。これは，生物学的な内的要因と心理・社会的危機をもたらす社会的要因との相互作用によって発達が進行していくとみなすもので，**発達漸成説**とも呼ばれます。図10-1は，エリクソン（1982）による**発達漸成図式**ですが，そこには各発達段階において社会的に求められる発達課題が示されています。それぞれの発達段階において求められる発達課題に取り組むことで，その発達段階にふさわしい性質が身についていきます。

　たとえば，乳児期には，養育者との間に健全な愛着関係を築き，基本的信頼感を獲得することが最重要課題となります。それがうまくいけば自分はこの世界から温かく受け入れられていると感じ，希望をもつことができ，他者一般に対する信頼感をもつようになりますが，養育者との間にそうした絆ができないと他者一般に対する不信感を抱くようになります。

　幼児期初期（幼児期前期）には，日常の生活習慣を確立し，自律性を身につけることが最重要課題となります。自分を思うようにコントロールできるようになれば自信が得られ，意志をもって動けるようになりますが，うまくコントロールできなかったり，自分を抑えるしかない場合は，恥や疑惑の感覚を抱くことになります。

　遊戯期（幼児期後期）には，友だちとの遊びなどを通して自主性を身につけることが最重要課題となります。うまく自主性を身につけることができれば，好奇心をもって積極的に探索行動をとることができます。ただし，養育者が過保護だったり，本人の活動性が高すぎたりして，制止されることが多くなると，自発的に動くことに罪悪感を抱くようになり，自発性の芽が摘まれてしまいがちです。

　学童期（児童期）には，学校における勉強への取組みなどを通して勤勉性を身につけることが最重要課題となります。勉強や当番などの役割遂行などに勤勉に取り組むことができれば，自己効力感を獲得でき，集団に適応しているという意味での適格感をもつことができます。それがうまくいかないと目の前の課題に勤勉に取り組めない自分に対して劣等感を抱くことになりがちです。

　青年期には，自己意識の高まりとともに，読書や思索を通して，「自分とは何か」「どういう生き方が自分らしいのか」といった問いと向き合い，同一性

	1	2	3	4	5	6	7	8
老 年 期 VIII								統　合 対 絶望, 嫌悪 **英知**
成 人 期 VII							生殖性 対 停　滞 **世話**	
前成人期 VI						親　密 対 孤　立 **愛**		
青 年 期 V					同一性 対 同一性混乱 **忠誠**			
学 童 期 IV				勤勉性 対 劣等感 **適格**				
遊 戯 期 III			自主性 対 罪悪感 **目的**					
幼 児 期 初 期 II		自律性 対 恥, 疑惑 **意志**						
乳 児 期 I	基本的信頼 対 基本的不信 **希望**							

図 10-1　**エリクソンの発達漸成図式——心理・社会的危機** (エリクソン, 1982)

（アイデンティティ）を確立することが最重要課題となります。うまく同一性を確立できれば，自分の役割や使命を全うできるという意味での忠誠の感覚をもてるようになりますが，それがうまくいかないと同一性が混乱し，「自分がわからない」「自分がなすべきことがわからない」といったことになりがちです。

10.2.2　レビンソンの発達段階論

1.　4 つの発達段階と過渡期

　エリクソンの心理・社会的発達段階論では，人生の前半についての記述がとくに詳しくなっています。しかし，高齢化社会の進展により 1970 年代以降老年心理学が興隆し，さらには社会変動の激しさが中高年の適応上の問題を深刻化させたり，成人初期における自己決定の困難をもたらすなどして，成人期の心理的適応の問題にも強い関心が向けられるようになってきました。そうした時代になって，エリクソンの発達段階論をもとに，とくに成人期に焦点を当てた生活構造と発達課題をめぐる生活史的研究を進めたのがレビンソンです。レビンソン（1978）は，成人期の発達段階と発達段階間の移行について詳細に検討しています（レビンソンの発達段階論）。レビンソンはまた，発達段階と発達課題の関係についても重要な考察を行っています（コラム 10-2）。

　レビンソンは，人間のライフサイクルは，それぞれおよそ 25 年間続く 4 つの発達段階を経て進行していくものと考えます。そして，これら 4 つの発達段階は部分的に重なり合っているとします。すなわち，前の段階がまだ終わらないうちに新しい段階に入っていきます。4 つの発達段階と年齢の区切りは，つぎのように想定されています。ただし，その後の寿命の延びを考慮すると，これを現代に当てはめるには，青年期の終わりや老年期の始まりなど，もう少し区切りの年齢を引き上げるべきでしょう。

①児童期と青年期……0〜22 歳

②成人前期…………17〜45 歳

③中年期……………40〜65 歳

④老年期……………60 歳以降

コラム10-2　発達段階と発達課題の関係

　発達課題は発達段階の展開に重要である。ある発達段階特有の性格は，その課題の性質によって決まる。ある発達段階の始まりは，その主要課題がその人の生活で優位を占めるようになったときで，その課題が優位を失って，新しい課題が出現したときに，その発達段階は終わり，次の段階が始まる。発達が一定の順序で進むのは，発達課題が周期的に変わるからである。安定期のもっとも基本的な発達課題は，確たる選択を行ない，生活構造を築き直し，新しい生活構造の中で生活の向上をはかることである。過渡期のもっとも基本的な課題は，それまでの生活構造に疑問を抱いて見直し，自己の可能性と外界の可能性を模索し，新しい生活構造をつくり上げられるように現在の生活構造を修正することである。

（レビンソン『ライフサイクルの心理学（上）』講談社学術文庫）

その重なりの部分が，レビンソンの言う過渡期です。過渡期というのは，2
つの発達段階を結び，何らかの連続性をもたせるための，両者の橋渡しをする
のに必要な期間のことです。過渡期の主要な課題は，それまでの生活構造を疑
いをもって見直し，自己および外界を変えていくさまざまな可能性を模索し，
つぎに続く安定期に新たな生活構造を築くための基盤となる重要な選択を行う
ことです。レビンソンは，このような過渡期は通常 4〜5 年続くとみなします。
過渡期も含めて，4 つの発達段階を示したものが図 10-2 です。レビンソンは
大きな過渡期の他に，それぞれの発達段階の真ん中に小さな過渡期も設定して
います。この図には，その小さな過渡期も示されています。

2. 過渡期の発達課題

　レビンソンは，成人への過渡期（青年期から成人前期への移行期）は，17
歳頃に始まり 22 歳頃に終わるとし，この過渡期の発達課題を 2 つあげていま
す。第 1 の課題は，成人する以前の世界から離れ始めることです。つまり，成
人する以前に過ごしてきた世界やそこにおいて自分が置かれていた位置に疑問
を抱き，その頃の自分にとって重要な人物，集団，制度などとの関係を修正す
るか終わりにさせ，それまでの自己のあり方を見直し修正することです。第 2
の課題は，大人の世界への第一歩を踏み出すことです。つまり，大人の世界の
可能性を模索し，その一員としての自分を想像し，成人として最初のアイデン
ティティをとりあえずは確立し，成人の生活のための暫定的選択をして，それ
を試してみることです。

　レビンソンは，成人前期の真ん中に位置する 30 歳の過渡期には，一家を構
える時期が間近に迫っており，若いときの夢や価値観を実現できるような生活
構造をつくり上げることが課題となると言います。この時期に，成人期に入っ
て最初に築いた生活構造のもつ欠陥や限界を解決し，成人前期を全うするため
の最も満足のいく生活を築くための土台をつくり上げることになります。この
時期には，内面からつぎのような声が聞こえてくるとレビンソンは言います。
「いまの生活を変えるなら——いまの生活に修正したいところや排除したいと
ころがあるなら，いまの生活に足りないものを付け加えたいなら——いますぐ
に始めなければならない。さもないとすぐに手遅れになってしまうだろう」

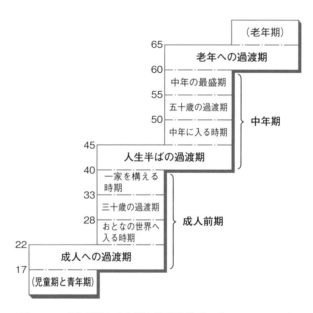

図 10-2　**成人前期と中年期の発達段階**（レビンソン，1978）

（レビンソン，1978）。

　人生半ばの過渡期（成人前期から中年期への移行期）は，レビンソンによれば，ほぼ40歳から45歳にかけての時期です。この時期になると，それまでの生活構造に再び疑問を抱くようになります。「これまでの人生で何をしてきたのか？　妻や子どもたち，友人，仕事，地域社会——そして自分自身から何を得て，何を与えているのか？　自分のために，他人のためにほんとうに欲しているのは何か？」などと自問します。自分の生活のあらゆる面に疑問を抱き，もうこれまでのようにはやっていけないと感じます。このような問い直しや模索を行うのが，この時期の課題となります。レビンソンは，大多数の人たちにとって，人生半ばの過渡期は自己の内部での闘いのときであり，外の世界との闘いのときでもあり，大なり小なり危機を伴うときであると言います。こうして新しい道を切り拓いたり，これまでの道を修正したりするのに，概ね数年を要するとレビンソンは言います。

　この時期は，**中年期の危機**などともいわれますが，自分の生き方の偏りが何となく気になり，これまで抑圧してきた面をもっと表に出して生きたいといった思いが込み上げてきます。ユングは，そのような「もう一人の自分」は無意識の中に眠っており，夢の中で人間像としてあらわれることがあると言います。ユングは，48歳の男性の夢を紹介していますが（**コラム10-3**），その人は自力で這い上がろうと頑張って働いてきた人で，仕事熱心で，自分に厳しく，快楽や自発性を抑圧して生きてきました。この夢の中の地下室は，夢をみた人の心の地下室，つまり無意識の世界を指すと考えられます。その裏庭で大声で笑いながら近づいてきた小学校時代の仲間は，夢をみた人が生きてこなかった側面，いつの間にか忘れ去られ，見失われてしまった側面が人格化されてあらわれたものとみられます。走り去るのを見かけた野性的な馬も，夢をみた人に欠けており，必要とされる性質をあらわすとみられます。それは，まじめに働くことで抑圧してきた，快活な面や自由奔放な面と考えられます。そろそろ一面的な生き方をやめてもいいのではないか，もっと自分の潜在的な性質や欲求を表に出してもいいのではないか。そんな心の声を象徴する夢といってよいでしょう。ただし，これまで生きてこなかった面をいきなり表に出すと，社会適応

コラム 10-3　抑圧してきた「もう一人の自分」を象徴する夢の事例

　私は，町に非常に大きい家を持ち，そこに住んでいた。しかし，家の各部屋が，どうなっているかまだ知らなかった。そこで私は，家中を歩いてみて，主として地下に，いくつかの部屋をみつけた。その部屋について私は何も知らず，そこには，他の地下室や地下の通路に通じる入口さえあった。その入口のあるものは鍵がかかっていず，あるものには錠前さえついていないのをみて，私は不安に感じた。その上，何人かの労働者が近くで働いており，彼らは，忍びこんでこようと思えば忍びこめるのだ。

　私が一階へ上ってきて裏庭をとおったとき，そこにも街路や他の家に通じる入口があるのをみつけた。それらをもっとよく調べようとしたとき，一人の男がやってきて，大声で笑いながら，私たちは小学校からの古い仲間だといった。私も彼を憶えており，彼が自分の生活について話しているとき，私は一緒に出口のほうに行き，街路をぶらぶら歩いた。

　その空間には奇妙な明暗の対比があり，そのなかの大きな循環道路を歩いて，われわれは緑の芝生のあるところに到達した。そのとき，突然，三頭の馬が駆け去っていった。その馬は美しく，たくましく，野性的だがよく手入れされ，その上には誰も乗っていなかった。（それらは，軍隊から逃げてきたのだったろうか。）

（ユング他『人間と象徴──無意識の世界（下）』河出書房新社）

に支障が生じがちです。そこでは，これまで生きてきた自分に新たな自分の一面をうまく調和させつつ取り入れていくことが課題となります。

　人生半ばの過渡期には，若さを失うこと，職場などで先輩の立場に就くこと，内面的なジレンマを克服することなど，新たな不安に直面することになるとレビンソンは言います。当然，人によって人生で遭遇する出来事の種類や順序はさまざまに異なるものであり，過渡期が訪れる時期やその幅にかなりの個人差があるはずです。しかし，不思議なことに，多くの人がこの年代に中年期の危機を経験するのも事実のようです。その背景には，人々を取り巻く社会的状況にはその人の年代によって特徴づけられる部分が少なくないといった事情があるものと考えられます。

10.3 人生の転機

　人生を振り返ってみると，その後の人生を大きく方向づけることになった出来事というのがあるものです。そのような人生に大きな変化が生じた時期を人生の**転機**（ターニング・ポイント）といいます。子どもにとっては，先生や友だちとの出会い，親の転勤や転職に伴う転校などが転機になることが考えられます。10代後半の青年にとっては，就職や受験が転機になることが多いでしょう。恋愛をはじめとする出会いや別れも転機となることが多いと思われます。成人にとっては，結婚や子どもの誕生など家族上の問題，就職・転勤・転職・退職など仕事上の問題，体力の衰えや病気・ケガといった健康上の問題などが転機となりがちです（表 10-1）。転機には，もっと個人的な事情で生じるものもあります。家の経済状態が急に悪化して学校を辞めなければならないとか，交通事故で家族を亡くしたとかいうものです。

　榎本が行った人生の転機に関する高齢者を対象とした面接調査では，人生の転機として，離婚したこと，長男が亡くなったこと，継母が亡くなったこと，夫の仕事を一緒にするようになったこと，満州からの引き揚げ，くも膜下出血を発症したこと，仕事を辞めたこと，夫が亡くなって一人暮らしになったこと，嫁に来たとき継子がいたことなどがあげられていました。

表 10-1　人生の転機となりがちな出来事

子ども時代
　友だちとの出会い，先生との出会い，入学・卒業，転校

青年期
　親友との出会い，恋愛・失恋，受験の成功・失敗，部活
での活躍・挫折，就活の成功・挫折，就職

成人期
　転勤，転職，職業上の成功・挫折，結婚，子どもの誕生，
体力の衰え，病気・ケガ，退職

10.4　**発達課題**

　発達課題というのは，ハヴィガースト（1953）によって提唱された考え方で，各発達段階においてなすべきことが期待されている課題のことです。ハヴィガーストは，人間の生涯を 6 つの段階に区分し，表 10-2 のように各発達段階ごとの発達課題をあげています。ただし，これをみればわかるように，今の時代には当てはまらないものもみられます。たとえば，児童期や青年期の発達課題にあげられている性別の社会的役割に抵抗を示す人もいるでしょう。青年期や壮年初期の発達課題に結婚への準備や配偶者との生活を学ぶことがあげられていますが，これは結婚しない人が増えている現実には適用しにくいでしょう。壮年初期の発達課題として，子どもを産み育てることがあげられていますが，子どもをもたない人も多い今の時代には適用しにくいはずです。このように，発達課題には文化の影響が無視できないので，現代の日本の文化的状況にふさわしい発達課題を検討する必要があります。

　そうした観点から，榎本（2000）は，成人 3,000 名を対象とした調査において，青年期以降の各発達段階ごとの発達課題を検討しています。そこでは，青年期以降を青年期（10 代〜20 代），成人前期（30 代〜40 代），成人後期（50 代〜65 歳未満），老年期（65 歳以上）の 4 つの発達段階に区分しています。発達課題としては，知的能力や学歴，情緒的・性格的な問題，主義や信念，容姿・容貌，健康・体力，運動神経，性的な問題，人からの評価や評判，職業や社会的地位，衣服や装身具，住居，財産・収入，親子の関わり，配偶者との関わり，親族との関わり，故郷との関わり，地域・近隣との関わり，社会・政治との関わりの 18 領域の課題を設定しました。そして，自分自身の生涯を 4 つの発達段階に区分したとき，それぞれの段階においてこれらの課題が自分にとってどの程度重要であったか（その年代にまだ達していない場合は，重要になると思うか）を評定してもらいました。

　その結果をみると，男性に関しては，成人前期の最重要課題として健康・体力，配偶者との関わり，親子の関わり，主義や信念の 4 つ，成人後期の最重要課題として配偶者との関わり，健康・体力，親子の関わり，財産・収入の 4 つ

表 10-2　**ハヴィガーストによる発達課題**（ハヴィガースト，1953 より作成）

幼児期	・歩行の学習。 ・固形の食物をとることの学習。 ・話すことの学習。 ・排泄の仕方を学ぶこと。 ・性の相違を知り性に対する慎み 　を学ぶこと。 ・生理的安定を得ること。	・社会や事物についての単純な概 　念を形成すること。 ・両親や兄弟姉妹や他人と情緒的 　に結びつくこと。 ・善悪を区別することの学習と良 　心を発達させること。
児童期	・普通の遊戯に必要な身体的技能 　の学習。 ・成長する生活体としての自己に 　対する健全な態度を養うこと。 ・友達と仲良くすること。 ・男子として，また女子としての 　社会的役割を学ぶこと。	・日常生活に必要な概念を発達さ 　せること。 ・良心・道徳性・価値判断の尺度 　を発達させること。 ・人格の独立性を達成すること。 ・社会の諸機関や諸集団に対する 　社会的態度を発達させること。
青年期	・同年齢の男女との洗練された新 　しい交際を学ぶこと。 ・男性として，また女性としての 　社会的役割を学ぶこと。 ・自分の身体の構造を理解し，身 　体を有効に使うこと。 ・両親や他の大人から情緒的に独 　立すること。 ・職業を選択し準備すること。	・経済的な自立について自信をも 　つこと。 ・結婚と家庭生活の準備をするこ 　と。 ・市民として必要な知識と態度を 　発達させること。 ・社会的に責任のある行動を求め， 　そしてそれをなしとげること。 ・行動の指針としての価値や倫理 　の体系を学ぶこと。
壮年初期	・配偶者を選ぶこと。 ・配偶者との生活を学ぶこと。 ・第一子を家族に加えること。 ・子どもを育てること。	・家族を管理すること。 ・職業に就くこと。 ・市民的責任を負うこと。 ・適した社会集団を見つけること。
中年期	・大人としての市民的・社会的責 　任を達成すること。 ・一定の経済的生活水準を築き， 　それを維持すること。 ・10代の子ども達が信頼できる 　幸福な大人になれるよう助ける 　こと。	・自分と配偶者が人間として結び 　つくこと。 ・中年期の生理的変化を受け入れ， 　それに適応すること。 ・年老いた両親に適応すること。 ・大人の余暇活動を充実すること。
老年期	・肉体的な力と健康の衰退に適応 　すること。 ・隠退と収入の減少に適応するこ 　と。 ・自分の年ごろの人々と明るい親 　密な関係を結ぶこと。	・配偶者の死に適応すること。 ・社会的・市民的義務を引き受け 　ること。 ・肉体的な生活を満足におくれる 　ように準備すること。

をあげることができます。女性では，成人前期・後期とも共通に，最重要課題
として配偶者との関わり，健康・体力，親子の関わり，財産・収入の 4 つをあ
げることができます（図 10-3）。ここから，配偶者との関わり，健康・体力，
親子の関わりといった課題が，性別を越えて成人期を通して最も重要な課題と
なっていることがわかります。

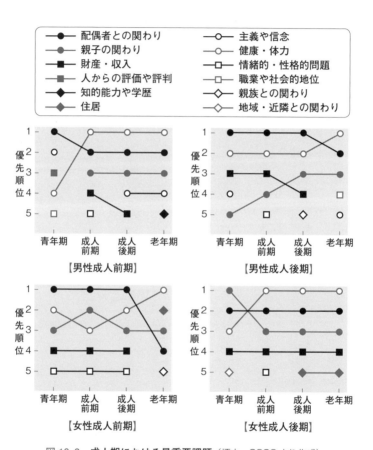

図 10-3 **成人期における最重要課題**（榎本，2000 より作成）

発達移行期の諸問題

11.1 集団生活への適応

　3～4歳の幼児にとって，幼稚園の生活への適応が大きな課題となります。それまでは家庭が主な活動場所で，親子関係を中心とした生活をしており，出かけるにしても親と一緒だったのに，幼稚園に行くようになると，主な活動場所は家庭の外になり，かかわる相手も先生や同級生の園児たちになります。これは子どもの日常に大きな変化をもたらします。

　このような家庭中心の生活から幼稚園生活への移行は，子どもに大きな試練を与えるといってよいでしょう。最近では，1歳くらいから保育園で過ごす子も少なくないので，こうした移行による試練にさらされる時期が早まっているともいえます。幼稚園や保育園では集団行動が求められるため，周りの子どもたちとうまくやっていく必要があります。家庭で親子関係中心の生活をしているときと違って，自分の欲求や衝動を制御すべき場面が飛躍的に増加します。その理由として最も大きいのは，親は自分を抑えて子どもに合わせることが多いのに対して，子ども同士だとお互いの欲求や衝動がまともにぶつかり合うことが多いことです。たとえば，子どもがあるおもちゃで遊びたいと思ったとき，親が自分もそれで遊びたいと言って奪い合いになることはないでしょうが，子ども同士ならそうした構図がしばしば生じがちです。

　幼稚園での集団生活に適応していく過程で，子どもたちは，我慢したり，譲り合ったり，相手の気持ちを思いやったり，規則を守ったりすることを学び，社会性を身につけていきます。

　家庭で子どもの社会化を促すような教育的働きかけが適切に行われていれば，集団生活への移行が順調に進むのでしょうが，最近は家庭における社会化が十分に行われていないことが多いようです。榎本（2007）は，大阪市内の幼稚園201園を母集団とした一連のサンプリング調査において，教諭に対して「今の子どもや子育て状況を見ていて気になること」について尋ねています（表11-1）。その結果，「今の子どもを見て気になること」の筆頭にあがったのが「忍耐力のない子が目立つ」で，64％の教諭がそれが気になると答えており，その比率は他を圧倒していました。その他の回答をみても，さまざまな側面で

表 11-1　**今の子どもを見て気になること**（榎本，2007 より作成）

「忍耐力のない子が目立つ」	64%
「周りに合わせられない子が目立つ」	52%
「過度に自己中心的な子が目立つ」	47%
「基本的生活習慣の欠如している子が目立つ」	46%
「自発性のない子が目立つ」	45%
「協調性のない子が目立つ」	44%
「友だちとうまく遊べない子が目立つ」	43%

社会性が非常に未熟であることが示唆されています。ここには主として 2 つの傾向がみられます。つまり，幼稚園教諭にとってとくに気になる傾向として，まず一つは，自己中心的で周囲に合わせられない子，いわば協調性がなく友だちとうまく遊べない子が目立つことです。もう一つは，忍耐力，基本的生活習慣，自発性など，いわば自己制御力の乏しい子が目立つことです。

　このような傾向は，その後も基本的に変わっていないどころか，むしろより顕著になっているようです。榎本（2016）は，山形県の放課後児童クラブ・子ども教室等の関係者を対象とした調査において，子どもたちにみられる傾向について尋ねています。その結果，「忍耐力のない子が増えている思う」の比率が最も高く，86%が「そう思う」と答えており，その他の回答をみても，社会性の未発達が顕著にみられます（表 11-2）。

　このような子どもたちにとって，幼稚園生活への移行は大きな試練となりますが，それは社会性を身につけるために欠かせない経験といえます。

11.2　学校生活への適応

　幼稚園・保育園から小学校への移行でつまずく児童が非常に多くなっており，小 1 プロブレムなどという言葉まで使われるようになっていることは第 8 章で指摘しました。それは，授業中に席を立って歩いたり，教室の外に出たり，授業中に騒いだり，暴れたり，注意する先生に暴力を振るったり，暴言を吐いたりといった子どもが増えている現象を指します。

　こうした問題は，遊びによって集団生活に馴染むのが中心だった幼稚園・保育園の生活から，同じく集団生活を学ぶといっても，時間割によってきっちり時間枠が決められている中で勉強をするのが中心となる学校生活への移行がうまくいかないことによって生じると考えられます。

　そこで重要となるのが社会性を身につけさせることです。家庭における社会化がうまくいかなくなっていることが，幼稚園生活への移行や学校生活への移行を難しくしていると考えられるため，学校生活への移行をスムーズにするには，就学前に社会性の育成に重点を置いた教育的働きかけが必要となります。

表 11-2　**子どもたちにみられる傾向**（榎本，2016 より作成）

「忍耐力のない子が増えていると思う」	86%
「協調性のない子が増えていると思う」	80%
「友だちとうまく遊べない子が増えていると思う」	76%
「わがままな子が増えていると思う」	75%
「きちんとしつけられていない子が増えていると思う」	75%
「傷つきやすい子が増えていると思う」	75%
「頑張れない子が増えていると思う」	61%

そのための心理教育プログラムの開発も進められており，山田・小泉（2020）は，幼児向けプログラムである SEL-8N の有効性を実証しています。それは，自己や他者の理解，感情制御，対人関係について学習するプログラムですが，具体的内容については第8章の表8-2 を参照してください。

11.3 中学校生活への移行

小学校生活から中学校生活への移行でつまずく者も多いことから，中1ギャップという言葉も生まれています。中1ギャップとは，中学という新たな環境に馴染むことができないことを指し，そうした心理状態が不登校やいじめの増加につながっているとみられています。

富家・宮前（2009）は，小中学校の教員を対象として中1ギャップについての認識についての調査研究を行っています。その結果，小学校の教員も中学校の教員も，中1ギャップの要因が友人関係における困難にあるという共通認識があることがわかりました。友人関係における問題としては，小学校教員の67.6％，中学校教員の64.3％が「小規模の小学校出身者は肩身の狭い思いをしている」に分類される記述をしていました。ここから言えるのは，小規模校出身の生徒が萎縮してしまわないように関係づくりの支援をすることが求められるということです。また，教師との関係に関しても，小学校と違って中学校では教科担任制であるため，学級担任との心理的距離があり，気軽に相談できないことやきめ細かい気配りをしてもらえないことなどがあげられていました。学業面に関しては，小中学校教員の95.8％が成績にかかわる問題を記述しており，成績の順位がつくことが中1ギャップの要因だというのが小中学校教員の共通認識であることも示されました。こうしたことに関連して，小学校教員は教科担任制の弊害をあげているのに対して，中学校教員は基礎学力の欠如や学校は勉強するところという意識が稀薄であるなど学習習慣や学力格差の問題をあげていました。

こうした調査研究なども踏まえて，皆川（2021）は，中1ギャップを生む要因として，表11-3 のような環境の変化をあげています。こうした変化を低減

表 11-3　**中１ギャップを生む要因としての環境の変化**（皆川，2021 より作成）

①役割期待が変化する……より一層の主体性や勤勉性が期待され，また身なりや持ち物など守らなければいけない規則が多い。

②生活環境が変化する……登下校に時間がかかったり，部活などの課外活動に追われたりして，疲れやすくなる。

③学習内容が難しくなる……進み方が早くなり，理解や問題解決のためにより抽象的な思考力が要求されるようになる。復習などの自主学習の習慣も必要となり，学力の個人差が大きくなる。

④先生との距離が遠くなる……教科ごとに先生が替わり，学級担任と接する機会が少なくなる。

⑤子ども同士の関係が変化する……他の小学校を卒業した子と一緒のクラスになるなど，新たな友人関係を築く必要があり，また部活などで先輩・後輩といった上下関係を経験するようになる。

させるべく，小学校と中学校の連携が模索されたり，接続の仕方が検討されたりしています。しかし，小中一貫校と非一貫校を比較した調査において，小学校から中学校への移行に際して環境の変化が小さい一貫校の小学 6 年生や中学 1 年生と，変化が大きい非一貫校の小学 1 年生や中学 1 年生の間に，学校適応感に差がみられないといった結果も得られており（高坂たち，2014；侯たち，2020），必ずしも変化を小さくすれば中学生の不適応が防げるということでもなさそうです。さらには，同じ中学校でも学年が上がるにつれて学校適応感が低下する傾向も指摘されており（臼井，2017），中 1 ギャップとされている不適応感は，思春期の心の動揺，学習内容の高度化，この先の受験・進路決定への不安などが複雑に絡むものとみなすべきかもしれません。

11.4　職業生活への移行と適応

　青年期の終わりまでには，親から保護され，親に依存する生き方から，自分自身の決断に基づいた自立的な生き方へと転換していく必要があります。そうした移行期の問題については第 10 章で解説したので，ここではキャリア形成に特化してみていきたいと思います。

　学校を卒業する時期が近づいてもどんな職業に就くかを決めることができない職業未決定（松尾・佐野，1993；下村・木村，1994；浦上，1995）や進路不決断の問題，就職そのものの覚悟ができない就職不安（坂柳，1990；藤井，1999）や卒業恐怖の問題が広がり，就職してもすぐにやめてしまう早期離職の増加，フリーターやニートの増加も深刻な社会問題となり，職業生活への移行と適応の問題は無視できないところまできているといってよいでしょう（表 11-4）。

　そのため，中学・高校・大学などでキャリア教育が行われるようになってきました。大学でも，2011 年に大学設置基準が改正され，すべての大学がキャリアガイダンスを教育課程に組み込まなければならなくなりました。大学は，生涯を通じた持続的な就業力の育成を目指し，教育課程の内外を通じて社会的・職業的自立に向けた指導に取り組むことが必要だとして，そのための体制

表 11-4　キャリア教育が必要とされるようになった背景

職業未決定や進路不決断の問題の広がり

就職不安や卒業恐怖の問題の広がり

早期離職の増加

フリーターやニートの増加

を整えることが義務づけられたのです。永作・三保（2019）は，実際に行われているキャリア教育の具体例を示しつつ，大学におけるキャリア教育のあり方についての検討を行っています。

テイラーとベッツ（1983）は，進路選択過程で必要となる5領域の活動を測定する道具としてCDMSE尺度を開発しています。それは，自己評価，職業情報収集，目標設定，計画，問題解決の5領域からなるものですが（表11-5），この尺度が進路探索行動を予測したり，進路決定や進路不決断・職業未決定に影響を及ぼしたりすることは，さまざまな研究者により実証データが提示されています（安達，2001）。

キャリア形成力の中核には，全般的な自己受容や有能感の感覚の背後に横たわるものとしての自尊感情に加えて，一般的自己効力感よりもさらに特化された有能感が重要な役割を果たしていると考えられます。職業生活という新たな生活の場に向けて自分を押し出し，そこに居場所を築いていくのがキャリア形成であると考えると，未知の状況においても挑戦する傾向や達成動機など積極性をもつこと，過去の受容や未来展望など今を肯定的に位置づけることができること，情報収集やサポートを得ることにつながるネットワーク力などがその基礎となっていると考えられます。

そこで榎本（2006）は，未知への不安，構想力，自分の未来への信頼，達成動機，自分の過去の受容，ネットワーク力の6因子からなるキャリア形成力尺度を開発しました。それぞれの因子は表11-6のような内容を意味します。そして，榎本（2014）は，自尊感情の高さや進路選択に対する自己効力尺度得点の高さがキャリア形成力と正の関係にあること，さらにキャリア形成力の高さが，成人キャリア成熟尺度得点の高さや進路不決断尺度得点の低さにつながっていることを確認しています。

社会に出て行くことに困難をきたしている若者たちにとって，働くということが身に染みていないという問題があります。どんな仕事が自分に向いているのか，社会に出てやっていけるかどうかなど，仕事についていくら考えてもなかなか答えが出るものではありません。まずは働いてみることが大切といった側面もあるでしょう。その意味では，ボランティアやインターンシップの体験

表 11-5　テイラーとベッツによる進路選択過程で必要となる 5 領域の活動

自己評価
職業情報収集
目標設定
計画
問題解決

のような実践的要素をキャリア教育に取り込んでいくことも必要と考えられます。

　就職してからもしばらくは成人への移行期が続きます。この時期には，とくに未来に向けての時間的展望の再編が行われると考えられます。白井は，大学3年から卒業後 8 年目までの未来と過去の展望の縦断調査を実施し，この時期には過去よりも未来の展望の変化が大きいこと，職場の同僚や上司をモデルにして自分の職業上の人生展望を形成することなどを見出しています（白井，1996，2007，2009；Shirai，2003）。白井（2009）は，大学卒業後 8 年目に当たる 30 歳の成人を対象に将来展望や過去展望の変化を問いかけています。その結果，将来展望に関しては，24 人中 6 人が大きく変わったと答え，9 人が少し変わったと答えており，変化したという者が 6 割を超えました。変化の理由としては，就職・結婚・離婚・失恋などのライフイベントがあげられました。あるいは，期待していたライフイベントがなかったこと，現実的に考えられるようになってきたこと，一生を見通すことができるようになったことなどが理由としてあげられました。

11.5　人生半ばの移行期の危機

　40 代から 50 代前半の中年期には，多くの人は，仕事上の限界，体力や身体機能面の衰え，将来の時間的展望の縮小を思い知らされます。若い頃のように夢を描いてはいられないと感じたり，もう無理はできないと感じたりします。そこで，自分自身の限界や現実社会の制約を踏まえた上で，守るべきものや追求し続けるべきものと捨て去るべきものの取捨選択を行い，過度な欲望を捨て，抑制のきいた生き方への転換が行われます（コラム 11-1）。

　ただし，その転換は必ずしもスムーズにいくわけではありません。仕事上の行き詰まり，先がみえてきたこと，体力面・気力面の衰えなどをきっかけに，これまでの生き方を振り返り，「自分は何をしてきたんだろう」「これでよかったんだろうか」と疑問を抱く人も少なくありません。後悔や虚しさに苛まれる人もいれば，若い頃に置き去りにしたまま忘れかけていた思いに気づく人もい

表 11-6　キャリア形成力尺度の 6 つの因子（榎本，2006）

未知への不安……不確定な要素があると不安になり，新たな状況に身を置くのを躊躇する性質。

構想力……何になりたいかを基本に，何ができるかを考慮して，今何をすべきかを具体化できる性質。

自分の未来への信頼……自分の未来に対して肯定的な展望がもてる性質。

達成動機……ものごとを成し遂げようとする積極的な構え。

自分の過去の受容……肯定的な経験も否定的な経験も含めて，自分の過去をそのままに受け入れることができる性質。

ネットワーク力……人とのつながりをつけたり，それを維持・強化したり，情報に有効にアクセスするなど，必要なネットワークを形成・維持して有効に利用することができる性質。

ます。「変えるなら今のうちだ」といった焦りを感じる人も出てきます。そこで新たな道を模索し切り開いていく人もいれば，これまでの生き方を少し修正することで体勢を立て直す人もいます。

　人生半ばの移行期は，**中年期の危機**といわれる出来事が押し寄せる時期でもあり，レビンソンはその時期の心理的特徴をあげています。この時期に**生活構造の再編成**が必要なのは，どのような生活をするにしても自己のもつすべての面を活かし続けることはできないからです。ある生き方を選ぶことは，別の生き方を断念することでもあります。そこで，これまでの人生を振り返って，さまざまな思いが込み上げてくるわけです。ユングも，それまで生きてこなかったもう一人の自分が頭をもたげてくる時期であることを指摘しています。レビンソンやユングの見解については，第 10 章で解説しているので参照してください。

　この時期は，子育ての**役割喪失**の時期でもあります。榎本（2005，2008）は，40 代から 50 代の母親を対象に記述式の自己物語法調査を実施し，定型的な時系列に沿った主なエピソードの記述に加えて，これまでの生き方について疑問を抱いたり，今後の方向性について自問したりした経験についても記述してもらいました。その結果，この時期には自己物語の破綻に伴う再構築の作業が非常に活性化されていることが明らかになりました。疑問や自問に関する記述については，問いの形式，問いを発した契機，模索の方向性，解決のメカニズムといった観点から整理しました。

　「問い」の形式に関しては，役割移行あるいは役割喪失に伴う反応として，これまでの自分の生活構造に対する疑問が湧くとともに，今後のあり方への模索が始まるといった感じの問いが典型であり，大多数でした。そこでは，役割喪失の受容とこれまでの生活の再吟味が課題となっていました。すなわち，親としての役割の喪失や希薄化を受け入れ，新たな役割の創出に至るまでの不安定感に耐えるといった課題に直面するというのが典型でした。

　「契機」に関しては，子どもの手が離れる＝親としての役割喪失がアイデンティティをめぐる問いが活性化するきっかけとなったというのが典型であり，圧倒的多数がこのタイプでした。

コラム11-1　不安と不満が渦巻く危機的な時期

　50歳を目前にして，もう人生の楽しみはほとんど残されていないと沈んだ気分に陥る人がいるが，後にノーベル文学賞を受賞するヘッセの心の中にも，そうした葛藤が渦巻いていたようだ。

　だが，50代を経験し，すでに78歳になったヘッセは，息子ブルーノ宛ての手紙の中で，50歳を前にした葛藤の時期の後には落ち着いた時期がやってくるとし，成熟することにも肯定的な意味があると述べている。

　「四十歳から五十歳までの十年間は，情熱ある人びとにとって，芸術家にとって，常に危機的な十年であり，生活と自分自身とに折り合いをつけることが往々にして困難な不安の時期であり，たびかさなる不満が生じてくる時期なのだ。しかし，それから落着いた時期がやってくる。私はそれを自ら体験したばかりでなく，多くのほかの人たちの場合にも観察してきた。興奮と闘いの時代であった青春時代が美しいと同じように，老いること，成熟することも，その美しさと幸せをもっているのだ。」（ヘッセ　ミヒェルス編　岡田朝雄訳『老年の価値』朝日出版社）

　人生半ばの折り返し点，つまり50歳を目前とした時期には，何らかの行き詰まりを感じ，現在の生活への疑問が湧き，さまざまな葛藤に苛まれる。だが，それがその後の実り多い人生を導くと考えることができる。葛藤するからこそ，より納得のいく生活へと軌道修正していくことができるのである。

（榎本博明『50歳からのむなしさの心理学』朝日新書）

　「模索」の方向性に関しては，新たな役割・献身を模索するというのが最も多くみられる典型でしたが，家族の介護など与えられた新たな役割への適応を模索するというケースもみられました。

　「解決」のメカニズムに関しては，能動的・積極的に模索を行っているかどうか，これまでの生活経験を肯定的に評価しているかどうか，否定的な経験も含めて人生全体を統合的にとらえることで受容しているかどうか，といった3つの観点から，アイデンティティをめぐる問いに対する取組みから解決に至るメカニズムを検討しました。その結果，解決（能動的模索・肯定的評価・統合），生活構造組み換え中（能動的模索・肯定的評価の方法を模索中・未統合），一旦停止（模索せず受動的・評価棚上げ・拡散），混乱（模索せず受動的・否定的評価・拡散）の4つの段階に類型化できました。解決群では，傾倒・献身構造の再編成や生活構造の各要素に対する意味づけの深化・転換といった課題が達成されているとみなすことができました。生活構造組み換え中群では，これまでの人生の再吟味を積極的に行い，これまでの人生を肯定的に評価づける方法を能動的に模索しているものの，未だ方向性が定まらず，役割喪失の克服と生活構造の組み換えに向けて格闘中であり，自分の人生の流れを肯定的かつ統合的にとらえきれていません。一旦停止群では，役割喪失による空白を埋めるために献身や同一視の対象を置き換えたり，行動に没頭することによって，アイデンティティの問いを一時的に棚上げした状態であり，生活構造自体には変化がありません。混乱群は，これまでの自分の人生の再吟味・再評価ができておらず，今ここで可能な選択肢の洗い出しや評価もなされていないため，喪失体験を克服できず，迷いと混乱の中で身動きできずにいます。

　成人期になって，あるライフスタイルを選択し，確立していくとなると，その枠組みの中で将来設計をし，生活の向上を目指し，そこに実現すべき可能性をひたすら追求することになります。そうすることで無視され，抑圧されてきた側面に目が向き始め，現在の生活に疑問が湧いてくるのが，人生半ばの移行期であるといえます。そこで，人生に潜在するさまざまな価値の再検討がなされ，これまでの生活の見直しや新たな生活の模索が行われ，一定の試行錯誤を経て，新たなライフスタイルが確立されると，移行期は終了し，成人後期の生

表 11-7　人生半ばの移行期の発達課題

• 自分自身の限界や現実社会の制約を踏まえて生き方を再検討する。
　　自分自身の能力の限界
　　体力や身体機能の衰え
　　将来の時間的展望の縮小
　　現実に自分が置かれている社会的状況

• これまでの人生の中間決算を行い，これまでに得てきたもの，追求してきたものと，見失っていたもの，切り捨ててきたものを照らし合わせて，改めてさまざまな取捨選択を行う。
　　職業上の人間関係の見直し
　　家族関係の見直し
　　友人関係の見直し
　　ライフスタイルの見直し
　　地域とのかかわりの見直し
　　仕事とのかかわりの見直し
　　人生観の見直し

活が始まります。なお，この移行期の発達課題は，表 11-7 のようにまとめる
ことができます。

11.6　退職後の生活への適応

　定年退職により社会的役割を中心とした生き方に終止符を打ち，子ども時代
のように社会的役割による縛りがまったくない自由な立場へと解放される老年
期の始まりも，生き方の大きな転換を迫られる時期として，重要な移行期とい
えます。そこでの課題は，社会的役割から一歩距離を置いて，自分なりに納得
のいく生活を再編していくことです。レビンソンも，60 代前半に老年への過
渡期を設定し，この時期の課題は，中年期の奮闘に終わりを告げ，来るべき老
年期を迎える準備をすることである，としています。このところの長寿化，そ
れに伴う定年退職年齢の上昇，定年後の再雇用の増加といったことを考慮する
と，この移行期はレビンソンの言う 60 代前半でなく 60 代後半とすべきかもし
れません。

　この時期には，身体の衰えをはじめとするさまざまな能力の衰えを痛感した
り，それによる行動の制約を受けたり，病気がちとなるなど，生物学的な老化
を経験しがちです。寿命や健康寿命も意識せざるを得ず，時間的展望が大きく
縮小していきます。また，定年退職や再雇用の終了などにより職業生活から引
退したり，自営業で引退はない場合でもこれまで担ってきた責任ある役割を後
継者に譲るなど，社会的責任や社会的地位の喪失もしくは低下，それに伴う経
済力の低下を経験することになります。

　このような状況に置かれて，自信を喪失し，絶望感に浸るか，自由度の高さ
を肯定的にとらえてゆったりと暮らしていけるかは，それまでの人生を受容で
きるかどうか，そして心の支えとなる人間関係を築いてきたかどうかにかかっ
ています。それによって，自信がなく，自分に価値を感じられず，焦燥感が強
く，孤立感が強いといった方向に向かうか，ゆったりとした落ち着きがあり，
自己受容しており，円熟味があり自他に寛容といった方向に向かうかが左右さ
れると考えられます。

発達障害の理解

12.1 発達障害とは

発達障害とは，脳機能の障害により何らかの発達面に問題がみられるものを指します。

2004年に制定された発達障害者支援法において，発達障害とは，自閉症，アスペルガー症候群その他の広汎性発達障害，学習障害，注意欠陥多動性障害その他これに類する脳機能の障害であって，その症状が通常低年齢において発現するもの，とされています（表12-1）。幼稚園に通い，友だちと遊ぶ場面が多くなってから問題が表面化したり，小学校に入学し，授業を受けたり試験を受けたりするようになって問題が表面化したりする場合も，その障害は発達の初期からあったものと考えられます。

文部科学省（2012）の調査によれば，小中学校において学習面または行動面で著しい困難を示す発達障害の可能性のある児童生徒の比率は6.5%とされています（表12-2）。ただし，その翌年に国立特別支援教育総合研究所が実施した調査では，小中学校とも約55%の教員が，6.5%という数字は現状と一致しないと回答しており，一致しないと回答した者のうち，小学校で約83%，中学校で約77%が「6.5%より多い」と回答していました（国立特別支援教育総合研究所，2013）。発達障害のとらえ方にもよりますが，実際に教育を担っている教員からすれば，通常の教育に支障をきたす児童生徒が6.5%より多くいるという現実があるようです。

アメリカ精神医学会による精神疾患の診断と統計のマニュアルDSM-5では，発達障害は神経発達障害群に相当します。そこには，知的能力障害群，コミュニケーション障害群，自閉症スペクトラム障害，注意欠如・多動性障害，限局性学習障害，運動障害群が含まれます。

発達障害に含まれる障害について，このように日本の行政の基準とアメリカ精神医学会の基準にズレがあることでもわかるように，発達障害というのはややあいまいな概念といえます。発達障害者支援法において，知的障害が発達障害に含まれていないのは，知的障害者への支援は知的障害者福祉法でカバーされているからとみることもできます。なお，藤野（2013）は，発達障害の場合，

表 12-1　**発達障害の定義**（発達障害者支援法による）

発達障害とは，自閉症，アスペルガー症候群その
他の広汎性発達障害，学習障害，注意欠陥多動性
障害その他これに類する脳機能の障害であって，
その症状が通常低年齢において発現するもの。

表 12-2　**質問項目に対して担任教員が回答した内容から，知的発達に遅れはない
ものの学習面又は行動面で著しい困難を示すとされた児童生徒の割合**
（文部科学省，2012）

	推定値
学習面又は行動面で著しい困難を示す	6.5%
学習面で著しい困難を示す	4.5%
行動面で著しい困難を示す	3.6%
学習面と行動面ともに著しい困難を示す	1.6%

※「学習面で著しい困難を示す」とは，「聞く」「話す」
「読む」「書く」「計算する」「推論する」の1つあるい
は複数で著しい困難を示す場合を指し，一方，「行動面
で著しい困難を示す」とは，「不注意」，「多動性−衝動
性」，あるいは「対人関係やこだわり等」について1
つか複数で問題を著しく示す場合を指す。

困難を示す領域がある一方で，比較的高い能力があるということもよくあるため，支援にあたっては，定型的な発達がみられないというようにネガティブにとらえるだけでなく，どのような面に長所や強さがあるかといったポジティブな見方やそれをどう伸ばすかといった発想も重要であるとしています。

　次節では，主な発達障害についてみていきます。

12.2　主な発達障害

12.2.1　知的発達障害（知的能力障害，知的発達症）

　知的発達障害とは，知的発達と適応機能の両面において障害を示すものを指します（表12-3）。

　知的機能面に関しては，論理的思考，問題解決，計画，抽象的思考などが苦手で，的確な判断ができなかったり，学校の授業の予習や宿題がうまくできなかったり，経験から学ぶことができなかったりします。

　適応面に関しては，社会的に年齢相当に求められる行動を適切にとることができず，家庭・学校・地域・職場などにおける日常生活にも支障をきたすため，継続的な支援を必要とします。支援が必要かどうかは，主に知能水準により判断することになります。

　一般に，知的機能面の障害のために日常生活に支障が生じ，適応のための支援が必要となる，といった流れが想定されます。

12.2.2　自閉症スペクトラム障害（自閉スペクトラム症）

　自閉症スペクトラム障害とは，人と感情を共有できなかったり，人に関心がなかったり，視線が合わなかったり，人の表情を読みとれなかったりして，対人コミュニケーションに持続的な障害があるため，仲間関係を形成することに困難を生じるものを指します。また，行動や興味において柔軟性が乏しく，同じ行動を反復したり，特定の対象に異常なほど執着したり，馴染みの習慣に頑なにこだわったりする傾向を示します。自閉症障害，アスペルガー障害，特定不能の広汎性発達障害などが，これに含まれます（表12-4）。

表 12-3　知的発達障害

知的発達面の問題：論理的思考，問題解決，計画，抽象的思考などが苦
　　　　　　　　手で，的確な判断ができなかったり，学校の授業の
　　　　　　　　予習や宿題がうまくできなかったり，経験から学ぶ
　　　　　　　　ことができなかったりする。
適応面の問題：社会的に年齢相当に求められる行動を適切にとることが
　　　　　　　できないため，日常生活に支障をきたす。

表 12-4　自閉症スペクトラム障害の特徴

• 人と感情を共有できなかったり，人に関心がなかったり，視線が合わ
　なかったり，人の表情を読みとれなかったりして，対人コミュニケー
　ションに持続的な障害がある。
　　他者や自分の心的状態を推論できない。
　　他者の表情を模倣しない。
　　皮肉などの字義通りでない意味を読みとることができない。

• 行動や興味において柔軟性が乏しい。

　　自閉症障害，アスペルガー障害，特定不能の広汎性発達障害など

　DSM-5では，自閉症スペクトラム障害にみられがちな行動様式として，第1に社会的コミュニケーションの持続的な欠陥，第2に行動の反復や興味の限定があげられています。社会的コミュニケーションの欠陥としては，具体的には，情緒的交流のある相互的関係の欠落，非言語的コミュニケーションの欠陥，人間関係の調整や維持・発展の欠陥の3点があげられています。行動の反復や興味の限定としては，具体的には，常同的・反復的な動きや発言，習慣化された行動にこだわる儀式的行動様式，特定の対象に固執する興味の限定，過敏さや鈍感さのような感覚の異常の4点があげられています。

　同じ遊びを繰り返したり，同じやり方にこだわったり，特定の対象に興味が限定されているということは，小さな子どもにはありがちなので，2歳前後のアセスメントにおいては，社会的コミュニケーションの乏しさが注目すべき点となります（稲田，2018）。なお，自閉症スペクトラム障害の幼児期早期にみられる行動特徴，幼児期後期にみられる対人コミュニケーション行動の特徴，幼児期後期にみられる行動・興味の偏り，児童期から成人期の対人コミュニケーションの特徴，児童期から成人期の行動・興味の偏りは表12-5〜表12-9の通りです。こうした特徴がアセスメントの決め手となります。

　なお，発達障害者支援法によれば，自閉症障害とアスペルガー障害は，コミュニケーションの障害や対人関係・社会性の障害があり，パターン化した行動やこだわりがあるといった点は共通で，かなり似ているものの，自閉症障害では言葉の発達の遅れがみられるのに対して，アスペルガー障害では基本的に言葉の発達の遅れはみられない点が，大きく異なっています。

　バロン=コーエンたち（1985）は自閉症スペクトラム障害児が他者や自分の心的状態を推論できないことを，マッキントッシュたち（2006）は自閉症スペクトラム障害児が他者の表情を自発的に模倣しない（模倣するように言われれば模倣することはできる）ことを，千住たち（2010）は自閉症スペクトラム障害児は他者の行動を自発的に予測しないことを指摘しています。いずれも人に対する興味の欠如をあらわしているといってよいでしょう。さらに，自閉症スペクトラム障害児は，皮肉などの字義通りでない意味を読みとることができず，対人関係の文脈で言葉を用いることが苦手とされています（マッケイとショー，

表 12-5 **幼児期早期の自閉症スペクトラム障害の行動特徴**（稲田，2018）

- 視線が合わない（アイコンタクト）
- 微笑みかけても微笑み返さない（微笑み返し）
- 名前を呼んでも振り向かない（呼名反応）
- 模倣しない（模倣）
- 興味があるものを指さしで伝えない（興味の指さし）
- 指されたものの先を見ない（指さし追従）
- ふり遊びをしない（ふり遊び）
- 自閉症スペクトラム障害では，定型発達児では1歳半頃までに芽生える非言語的な対人コミュニケーション行動がない／乏しい

表 12-6 **幼児期後期の自閉症スペクトラム障害の対人コミュニケーション行動の特徴**（稲田，2018）

- 視線が合わない
- 名前を呼んでも振り向かない
- 表情が乏しい
- 同年齢の他児と遊ばない
- 興味があるものを共有しない
- 言語発達が遅れている
- 会話が続かない
- 他児とごっこ遊びができない

2004；マーティンとマクドナルド，2004）。ホブソン（1993）は，このような自閉症スペクトラム障害児の対人関係上の根本的な問題は，他者と心が通い合っているという感覚の乏しさにあるとし，対人関係に深刻な障害があるとしています。

　実際，自閉症スペクトラム障害にみられがちな特性をもつ者は，他のクラスメイトと比べて，友だちが少ない，友情の互恵性が少ない，ソーシャルネットワークが小さいといった傾向があり，友人関係に困難を抱えていることが報告されています。そのことを踏まえて学校での休み時間の遊びについて検討した中島たち（2021）は，自閉症スペクトラム障害的な特性の高い者ほど休み時間に非対人的な遊び（一人でいる，他の子どもがしていることを見ている，他の子どもと同じような遊びをするが一緒にはしない）をして過ごしていることが多く，自閉症スペクトラム障害的な特性の低い者ほど対人的な遊び（他の子どもと会話する，他の子どもとルールのない遊びを一緒にする，他の子どもとルールのある遊びを一緒にする）をして過ごしていることを明らかにしています。このようなことから，休み時間などに他の子どもとのかかわりを促す介入が必要と考えられます。

　DSM-5では，自閉症スペクトラム障害の特徴の一つとして，想像上の遊びを他者と一緒にすることが困難であることがあげられています。これには，特定のことがらに興味が限定され，仲間に対する興味が欠如していることにより，自分が興味のあること以外には関心が向かず，みんなに合わせて遊べないことが関係していると考えられます。そこで，別府（2016）は，自閉症スペクトラム障害児のふり遊びの発達を促すには，自閉症児の興味関心のあることを介してかかわり，本人が面白いと感じることを共有しながら遊びを展開する必要があるとしています。また，自閉症スペクトラム障害児には，他者の身になって考えることが困難という特徴がありますが，他者から受容・共感的にかかわってもらう経験を重ねることで，他者の気持ちの理解や他者との協働活動が促進され，社会性が育成されることが示唆されています（別府，2013；廣澤たち，2019）。

表 12-7　**幼児期後期の自閉症スペクトラム障害の**
　　　　　行動・興味の偏りの特徴（稲田，2018）

- 変わったものへの興味
- 決まった手順にこだわる
- 切り替えが苦手
- 決まったフレーズを繰り返す
- おもちゃの部分で遊ぶ
- 独特な身体の使い方
- 感覚の敏感／鈍感さ
- 感覚面への興味

表 12-8　**児童期から成人期の自閉症スペクトラム障害の**
　　　　　対人コミュニケーション行動の特徴
　　　　　（稲田，2018）

- 表情が乏しい
- 身ぶりの理解／使用が乏しい
- 相手の気持ちがわからない
- 暗黙のルールがわからない
- 他者と距離感が疎遠／近い
- 会話が続かない
- 比喩などが理解できない
- 友人関係を維持できない

12.2.3　注意欠如・多動性障害（注意欠如・多動症）

注意欠如・多動性障害（注意欠陥多動性障害）は，持続的な不注意と多動を特徴とします。気が散りやすく，不注意な間違いが多かったり，集中力を要する活動を長時間続けることができなかったり，必要な物をよくなくしたり，忘れ物が多かったりします。

また，じっとしていられず，座っていても手足をたえず動かしたり，席に長く座っていられずすぐに動き回ったり，会話中も相手の言葉を遮ってしゃべったり，列に並んで順番を待つことができなかったりして，常に落ち着かず多動な傾向を示します（表12-10）。

不注意にしても，多動にしても，子どもにはありがちなことです。これに関して，DSM-5では，その程度が発達の水準に不相応で，社会的および学業的・職業的活動に直接的に悪影響を及ぼすほどである場合に注意欠如・多動性障害とみなすとしています。つまり，よくありがちな不注意や落ち着きのなさではなく，その年齢にしてはあり得ないほどに不注意かつ多動で，そのせいで社会生活や学業に悪影響が出ている場合，注意欠如・多動性障害を疑うことになります。

注意欠如・多動性障害の子どもは，教師や親からの叱責を受けやすく，その結果として自尊心の低下や気分の落ち込み，攻撃的反抗などの二次障害が生じやすく，そうした二次障害を防ぐための支援が必要になります。齊藤・青木（2010）によれば，この二次障害は，外在化障害と内在化障害に大別されます。

外在化障害とは，親や教師からの叱責，仲間からの拒絶などによって生じる孤独感や怒り感情を攻撃や反抗として自分の外の対象に向けて表現するものです。野田たち（2013）は，小中学校の児童・生徒とその担任教徒および保護者を対象とした調査により，教師や保護者の目から見て不注意および多動・衝動的行動傾向を強く示す子どもほど，攻撃的な認知をしており，怒り感情を抱いていること，教師が多動性・衝動性を認める子どもほど身体的攻撃をしがちなこと，教師や保護者が多動性・衝動性を認める子どもほど言語的攻撃をしがちなことなどを見出しています。

内在化障害とは，親や教師からの叱責，仲間からの拒絶などによって生じる

表 12-9　　児童期から成人期の自閉症スペクトラム障害
の行動・興味の偏りの特徴（稲田，2018）

- 変わったものへの興味
- 行動，思考が硬い
- 切り替えが苦手
- 融通がききにくい
- 予定が変わると混乱する
- 全体の把握が苦手
- 感覚の敏感／鈍感さ
- 感覚面への興味

表 12-10　　注意欠如・多動性障害の特徴

不注意

気が散りやすい。
不注意な間違いが多い。
集中力を要する活動を長時間続けることができない。
必要な物をよくなくす。
忘れ物が多い。

多動

じっとしていられない。
座っていても手足をたえず動かしている。
席に長く座っていられない。
会話中も相手の言葉を遮ってしゃべる。
列に並んで順番を待つことができない。

孤独感や怒り感情を気分の落ち込みや不安といった自分の中の内的体験として表現するものです。齊藤（2015）は，中学生とその学級担任を対象とした調査により，不注意や多動性・衝動性が直接的に内在化障害を引き起こすのではなく，不注意や多動性・衝動性の行動傾向により学校でネガティブライフイベントを経験しやすく，逆にポジティブライフイベントは経験しにくく，その積み重ねによって自尊感情が低下することで内在化障害に至る，というメカニズムを示唆する結果を得ています。そして，友だちとの助け合いや支え合いを通して，自らの存在価値を実感できるような体験を増やすことが自尊感情を高め，深刻な内在化障害への進行を予防することにつながるのではないかとしています。さらに齊藤たち（2020）は，小学5年時の注意欠如・多動傾向が，学校でのポジティブなライフイベントの少なさ，ネガティブなライフイベントの多さにつながり，そのことが小学6年時の自尊感情の低さを媒介して中学1年時の不安・抑うつ傾向の高さにつながっていることを報告しています。これらの研究における学校でのポジティブライフイベントやネガティブライフイベントというのは，表12-11のようなものを指します。

　注意欠如・多動性障害者の13〜51％に気分障害や不安障害といった内在化障害がみられること（オレンディックたち，2008），こうした内在化障害に対して適切な支援がなされないとパーソナリティ障害へと進行する可能性があること（齊藤，2009），抑うつにより自殺のリスクが高まることなどが指摘されています（デービス，2008）。クロニス＝トスカーノたち（2010）は，4〜6歳のときに注意欠如・多動性障害と診断された子とされなかった子が18歳になったときにうつ病の診断基準を満たしていた割合を比較する調査を行っています。その結果，うつ病の診断基準を満たしていた者の割合は幼児期に注意欠如・多動性障害と診断されていた者のほうが圧倒的に高く，約4倍になっていました。

　このような多動で衝動的な行動を示す児童に対して，補助教員をつけて教室から飛び出した場合の安全確保に努めることがあります。ただし，小泉・若杉（2006）は，社会的スキルを訓練することで衝動的な問題行動をなくせることを報告しています。小泉と若杉は，個別指導に学級全体を巻き込んだ社会的ス

表 12-11　学校ライフイベント尺度の項目

---

a.　齊藤（2015）の項目
学業
　宿題や課題ができなかった
　授業についていけなかった
　興味のない授業に集中できなかった
　試験や通知表の成績がよかった*
友人関係
　グループから仲間はずれにされた
　友だちとけんかをした
　友だちにからかわれたり悪口を言われりした
　親友ができた*
　困っているときに友だちが助けてくれた*
　友だちから頼りにされた*

　　*がついている項目はポジティブなライフイベント，その他の項目はネガティブな
　　ライフイベント。

b.　齊藤たち（2020）の項目

学校ポジティブイベント	学校ネガティブイベント
成績が上がった	成績が下がった
親友ができた	いじめや暴力をうけた
学校の先生にほめられた	グループから仲間はずれにされた
運動会や学芸会でみんなにほめられた	学校の先生にばかにされた
入選したり表彰された	

キル訓練を行っていますが，その結果，「プリントや授業に集中できない」「奇声を上げる」「ケンカをする」「遊びの邪魔をする」「友だちの勉強の邪魔をする」などといった問題行動が徐々に減り，ついには消失することを確認しています。そうなれば，教師や親による叱責や仲間による拒絶を経験することがなくなることが期待されます。

12.2.4　学習障害

　知的発達障害の場合は知的機能全般の発達が遅れているのに対して，**学習障害**（DSM-5では限局性学習障害）は，全般的な知的発達に遅れはみられないものの，何か特定の能力面に障害があり，その能力を必要とする学習に著しい困難を示します。学習障害の児童・生徒は特別支援学校・学級でなく通常学級で学ぶことになっており，必要な場合は通級指導を受けることになります。

　文部科学省（1999）は，「学習障害とは，基本的には全般的な知的発達に遅れはないが，聞く，話す，読む，書く，計算する又は推論する能力のうち特定のものの習得と使用に著しい困難を示す様々な状態を指すものである」と定義しています。さらに，「学習障害は，その原因として，中枢神経系に何らかの機能障害があると推定されるが，視覚障害，聴覚障害，知的障害，情緒障害などの障害や，環境的な要因が直接の原因となるものではない」としています。

　学習障害には，文字をきちんと区別できなかったり文を正確に読むことができなかったりする読字障害，教師の板書をノートに正確に写せなかったり，聞いたことを書くことができなかったりする書字障害，計算ができなかったり，数の大小がわからなかったり，数的概念を理解できなかったりする算数障害などがあります。その他，文章を読むのが異常に遅かったり，文章を読んでも意味を理解できなかったりする場合もあります（表12-12）。

表 12-12　**学 習 障 害**

読字障害	文字をきちんと区別できなかったり，文を正確に読むことができなかったりする。
書字障害	教師の板書をノートに正確に写せなかったり，聞いたことを書くことができなかったりする。
算数障害	計算ができなかったり，数の大小がわからなかったり，数的概念を理解できなかったりする。
その他の障害	文章を読むのが異常に遅かったり，文章を読んでも意味を理解できなかったりするものなど。

引用文献

第 1 章

安藤 寿康 (2009). 生命現象としてのパーソナリティ 榎本 博明・安藤 寿康・堀毛 一也 パーソナリティ心理学——人間科学，自然科学，社会科学のクロスロード——（pp.111-133） 有斐閣

安藤 寿康 (2016). 日本人の 9 割が知らない遺伝の真実 SB クリエイティブ

東 洋・柏木 惠子 (1980). 母親の態度・行動と子どもの知的発達に関する日米比較研究〈概要〉

Baltes, P. B., Reese, H. W., & Lipsitt, L. P. (1980). Life-span developmental psychology. *Annual Review of Psychology, 31*, 65-110.

榎本 博明 (1999). 〈私〉の心理学的探求——物語としての自己の視点から—— 有斐閣

榎本 博明 (2000). 語りのなかで変容していく〈わたし〉 発達，*82*，38-47.

榎本 博明 (2002a). 〈ほんとうの自分〉のつくり方——自己物語の心理学—— 講談社

榎本 博明 (2002b). 物語ることで生成する自己物語——自己物語法の実践より—— 発達，*91*，58-65.

榎本 博明 (2004). パーソナリティの遺伝と環境 榎本 博明・桑原 知子（編著）新訂 人格心理学（pp.54-71） 放送大学教育振興会

榎本 博明 (2008). 自己物語から自己の発達をとらえる 榎本博明（編）自己心理学 2 生涯発達心理学へのアプローチ（pp.62-81） 金子書房

Feiring, C., & Taska, L. S. (1996). Family self-concept: Ideas on its meaning. In B. A. Bracken (Ed.), *Handbook of self-concept* (pp.317-373). John Wiley.

Hess, E. H. (1958). "Imprinting" in animals. *Scientific American, 198*, 81-90.

井上 健治 (1979). 子どもの発達と環境 東京大学出版会

Jensen, A. R. (1968). Social class, race, and genetics: Implications for education. *American Educational Research Journal, 5*, 1-42.

Jensen, A. R. (1972). *Genetics and education.* New York: Harper & Row.
（ジェンセン，A. R. 岩井 勇児（監訳）(1978). IQ の遺伝と教育 黎明書房）

古澤 賴雄 (1996). 思いやる心——感性と愛他行動の発達—— 柏木 惠子・古澤 賴雄・宮下 孝広 発達心理学への招待——こころの世界を開く 30 の扉—— ミネルヴァ書房

Lorenz, K. (1949/1960). *Er redete mit dem Vieh, den Vögeln und den Fischen.*
（ローレンツ，K. 日高 敏隆（訳）(1970). ソロモンの指環——動物行動学入門—— 早川書房）

村瀬 俊樹 (2009). 1 歳半の子どもに対する絵本の読み聞かせ方および育児語の使用と母親の信念の関連性 社会文化論集：島根大学法文学部紀要社会文化学科編，*5*，1-17.

Plomin, R. (1990). *Nature and nurture: An introduction to human behavioral genetics.* Belmont,

CA: Thomson Brooks/Cole Publishing.

（プロミン，R.　安藤 寿康・大木 秀一（訳）（1994）．遺伝と環境——人間行動遺伝学入門——　培風館）

Rohracher, H.（1956）. *Kleine Charakterkunde.* Wien-Innsbruck: Urban & Schwarzenberg.

（ローラッヘル，H.　宮本 忠雄（訳）（1966）．性格学入門　みすず書房）

Rowe, D. C.（1981）. Environmental and genetic influences on dimensions of perceived parenting: A twin study. *Developmental Psychology, 17,* 203-208.

島 義弘・浦田 愛子（2014）．発達期待が養育態度が母親の読み聞かせの意義と認識と読み聞かせの方法に与える影響　鹿児島大学教育学部研究紀要，*65*，125-133.

Tobin, J. J., Wu, D. Y. H., & Davidson, D. H.（1989）. *Preschool in three cultures: Japan, China and United States.* Yale University Press.

内田 伸子（1989）．物語ることから文字作文へ——読み書き能力の発達と文字作文の成立過程——　読書科学，*33*，10-24.

第2章

秋田 喜代美・無藤 隆・藤岡 真貴子・安見 克夫（1995）．幼児はいかに本を読むか？——かな文字の習得と読み方の関連性の縦断的検討——　発達心理学研究，*6*，58-68.

Brooks, P. J., & Kempe, V.（2012）. *Language development.* West Sussex: Blackwell.

Cunningham, A. E., & Stanovich, K. E.（1991）. Tracking the unique effects of print exposure in children: Associations with vocabulary, general knowledge, and spelling. *Journal of Educational Psychology, 83,* 264-274.

Dunst, C. J., Simkus, A., & Hamby, D. W.（2012）. Relationship between age of onset and frequency of reading and infants' and toddlers' early language and literacy development. *Center for Early Literacy Learning, 5,* 1-10.

藤永 保（1995）．発達環境学へのいざない　新曜社

花房 香（2020）．読み書き能力の発達——就学前から小学2年生までの追跡研究——　岡山医学会雑誌，*132*，74-82.

猪原 敬介・上田 紋佳・塩谷 京子・小山内 秀和（2015）．複数の読書量推定指標と語彙力・文章理解力との関係　教育心理学研究，*63*，254-266.

神谷 栄司（2019）．言葉の内と外　ヴィゴツキー，L. S.・ポラン，F.　神谷 栄司（編著訳）小川 雅美・伊藤 美和子（訳）ヴィゴツキー，ポラン／言葉の内と外——パロルと内言の意味論——（pp.149-188）　三学出版

国立青少年教育振興機構（2013）．子どもの読書活動の実態とその影響・効果に関する調査研究 報告書　国立青少年教育振興機構　Retrieved from https://www.niye.go.jp/kenkyu_houkoku/contents/detail/i/72/

Mol, S. E., & Bus, A. G.（2011）. To read or not to read: A meta-analysis of print exposure from infancy to early adulthood. *Psychological Bulletin, 137,* 267-296.

文部科学省（2018）．子供の読書活動に関する現状と論点　文部科学省　Retrieved from

https://www.mext.go.jp/b_menu/shingi/chousa/shougai/040/shiryo/__icsFiles/afield
file/2017/08/15/1389071_005.pdf

邑上 夏美・安藤 美華代（2020）．小学生の読書活動と学校生活スキルとの関連　岡山大学教
師教育開発センター紀要，*10*，17-26．

小椋 たみ子・増田 珠巳・浜辺 直子・平井 純子・宮田 Susanne（2019）．日本人母親の対乳
児発話の語彙特徴と子どもの言語発達，発達心理学研究，*30*，153-165．

澤崎 宏一（2012）．大学生の読書経験と文章理解力の関係 国際関係・比較文化研究（静岡県
立大学），*10*，213-231．

澤崎 宏一（2018）．大学生の過去の読書経験は単独文の読みに影響を与える――主語・目的
語省略文に対する文自然度判断から―― 国際関係・比較文化研究（静岡県立大学），
17，17-34．

Senechal, M.（2006）．Testing the home literacy model: Parent involvement in kindergarten is
differentially related to grade 4 reading comprehension, fluency, spelling, and reading for
pleasure. *Scientific Studies of Reading*, *10*, 59-87.

島村 直己・三神 廣子（1994）．幼児のひらがなの習得――国立国語研究所の 1967 年の調査
との比較を通して―― 教育心理学研究，*42*，70-76．

Vygotsky, L. S.（1934）．神谷 栄司（訳）（2019）．ヴィゴツキー――思惟と語―― ヴィゴツ
キー，L. S.・ポラン，F. 神谷 栄司（編著訳）小川 雅美・伊藤 美和子（訳）ヴィゴツ
キー，ポラン／言葉の内と外――パロルと内言の意味論――（pp.53-147） 三学出版

渡部 雅之（2019）．ことばと描画の発達　渡部 雅之・豊田 弘司　教育心理学Ⅰ――発達と学
習―― 第 2 版（pp.35-48） サイエンス社

第 3 章

Alloway, T. P., & Alloway, R. G.（2010）．Investigating the predictive roles of working memory
and IQ in academic attainment. *Journal of Experimental Child Psychology*, *106*, 20-29.

Alloway, T. P., Gatthercole, S. E., Kirkwood, H., & Elliott, J.（2009）．The cognitive and behav-
ioral characteristics of children with low working memory. *Child Development*, *80*, 606-621.

安藤 寿康（2018）．なぜヒトは学ぶのか――教育を生物学的に考える―― 講談社

東 洋（著）柏木 惠子（編）（1989）．教育の心理学――学習・発達・動機の視点―― 有斐閣

Baillargeon, R.（1986）．Representing the existence and the location of hidden objects: Object
permanence in 6- and 8- month-old infants. *Cognition*, *23*, 21-41.

Basak, C., & Verhaeghen, P.（2003）．Subitizing speed, subitizing range, counting speed, the
Stroop effect, and aging: Capacity differences and speed equivalence. *Psychology and
Aging*, *18*, 240-249.

Bopp, K. L., & Verhaeghen, P.（2005）．Aging and verbal memory span: A meta-analysis. *The
Journals of Gerontology: Series B*, *60*, 223-233.

Bower, T. G. R.（1971）．The object in the world of the infant. *Scientific American*, *225*, 30-38.

Cain, K.（2006）．Children's reading comprehension: The role of working memory in normal and impaired development. In S. J. Pickering (Ed.), *Working memory and education* (pp.61-91). London: Academic Press.

Cain, K., Oakhill, J. V., & Bryant, P. E. (2004). Children's reading comprehension ability: Concurrent prediction by working memory, verbal ability, and component skills. *Journal of Educational Psychology, 96,* 31-41.

Conway, A. R. A., Kane, M. J., Bunting, M. F., Hambrick, D. Z., Wilhelm, O., & Engle, R. W. (2005). Working memory span tasks: A methodological review and user's guide. *Psychonomic Bulletin and Review, 12,* 769-786.

Cowan, N. (2016). Working memory maturation: Can we get at the essence of cognitive growth? *Perspectives on Psychological Science, 11,* 239-264.

Cowan, N., Elliott, E. M., Saults, J. S., Morey, C. C., Mattox, S., Hismjatullina, A., & Conway, A. R. A. (2005). On the capacity of attention: Its estimation and its role in working memory and cognitive aptitudes. *Cognitive Psychology, 51,* 42-100.

Deary, I. J. (2001). *Intelligence: A very short introduction.* Oxford, UK: Oxford University Press. (ディアリ，I. J. 繁桝 算男 (訳) (2004). 知能　岩波書店)

Engle, R. W., Tuholski, S. W., Laughlin, J. E., & Conway, A. R. A. (1999). Working memory, short-term memory, and general fluid intelligence: A latent-variable approach. *Journal of Experimental Psychology: General, 125,* 309-331.

藤永 保 (監修) (2013). 最新　心理学事典　平凡社

Gardner, H. (1999). *Intelligence reframed: Multiple intelligences for the 21st Century.* New York: Basic Books. (ガードナー，H. 松村 暢隆 (訳) (2001). MI——個性を生かす多重知能の理論—— 新曜社)

Gathercole, S. E., & Alloway, T. P. (2008). *Working memory and learning: A practical guide for teachers.* London: SAGE. (ギャザコール，S. E. ・アロウェイ，T. P. 湯澤 正通・湯澤 美紀 (訳) (2009). ワーキングメモリと学習指導——教師のための実践ガイド——　北大路書房)

Gathercole, S. E., Brown, L., & Pickering, S. J. (2003). Working memory assessments at school entry as longitudinal predictors of National Curriculum attainment levels. *Educational and Child Psychology, 20,* 109-122.

Gathercole, S. E., Pickering, S. J., Ambridge, B., & Wearing, H. (2004). The structure of working memory from 4 to 15 years of age. *Developmental Psychology, 40,* 177-190.

林 創 (2020). 認知発達　糸井 尚子・上淵 寿 (編著) 教育心理学 (pp.41-53)　学文社

Horn, J. L., & Donaldson, G. (1980). Cognitive development in adulthood. In O. G. Brim, & J. Kagan (Eds.), *Constancy and change in human development* (pp.445-529). Cambridge, MA: Harvard University Press.

Hultsch, D. F., Hertzog, C., Small, B. J., McDonald-Miszczak, L., & Dixon, R. A. (1992). Short-term longitudinal change in cognitive performance in later life. *Psychology and Aging, 7,*

571-584.

Just, M. A., & Carpenter, P. A.（1992）. A capacity theory of comprehension: Individual differences in working memory. *Psychological Review*, *99*, 122-149.

Kane, M. J., Hambrick, D. Z., & Conway, A. R. A.（2005）. Working memory capacity and fluid intelligence are strongly related constructs: Comment on Ackerman, Beier, and Boyle（2005）. *Psychological Bulletin*, *131*, 66-71.

北田 沙也加（2016）. 幼児期における物理概念の揺らぎ――あり得ない現象への認識と魔法との関連―― 発達心理学研究, *27*, 212-220.

近藤 洋史・森下 正修・蘆田 佳世・大塚 結喜・苧阪 直行（2003）. 読解力とワーキングメモリ――構造方程式モデリングからのアプローチ―― 心理学研究, *73*, 480-487.

大田 紀子・込山 舞子・杉村 伸一郎（2011）. 幼児の因果推論における呪文の効果 広島大学心理学研究, *10*, 301-310.

Raghubar, K. P., Barnes, M. A., & Hecht, S. A.（2010）. Working memory and mathematics: A review of developmental, individual difference, and cognitive approaches. *Learning and Individual Differences*, *20*, 110-122.

下仲 順子（1990）. 中年期の発達 無藤 隆・高橋 惠子・田島 信元（編）発達心理学入門Ⅱ――青年・成人・老人――（pp.101-118） 東京大学出版会

Spearman, C.（1904）. "General intelligence", objectively determined and measured. *The American Journal of Psychology*, *15*, 201-293.

Sternberg, R. J.（1997）. *Successful intelligence: How practical and creative intelligence determine success in life*. New York: Simon & Schuster.

（スタンバーグ, R. J. 小此木 啓吾・遠藤 公美恵（訳）（1998）. 知能革命――ストレスを超え実りある人生へ―― 潮出版社）

Swanson, H. L., & Howell, M.（2001）. Working memory, short-term memory, and speech rate as predictors of children's reading performance at different ages. *Journal of Educational Psychology*, *93*, 720-734.

田島 信元（1990）. 青年・成人・老人を生涯発達に位置づける 無藤 隆・高橋 惠子・田島 信元（編）発達心理学入門Ⅱ――青年・成人・老人――（pp.1-10） 東京大学出版会

Thurstone, L. L.（1938）. Primary mental abilities. *Psychometric Monographs*, *1*.

富田 昌平（2009）. 幼児期における不思議を楽しむ心の発達――手品に対する反応の分析から―― 発達心理学研究, *20*, 86-95.

坪見 博之・齊藤 智・苧阪 満里子・苧阪 直行（2019）. ワーキングメモリトレーニングと流動性知能――展開と制約―― 心理学研究, *90*, 308-326.

Tsubomi, H., & Watanabe, K.（2017）. Development of visual working memory and distractor resistance in relation to academic performance. *Journal of Experimental Child Psychology*, *154*, 98-112.

Unsworth, N., Fukuda, K., Awh, E., & Vogel, E. K.（2014）. Working memory and fluid intelligence: Capacity, attention control, and secondary memory retrieval. *Cognitive Psychology*,

71, 1-26.

Vygotsky, L. S.（1934）．土井 捷三・神谷 栄司（訳）（2003）．「発達の最近接領域」の理論
——教授・学習過程における子どもの発達—— 三学出版

Wilson, R. S., Li, Y., Bienias, J. L., & Bennett, D. A.（2006）. Cognitive decline in old age:
Separating retest effects from the effects of growing older. *Psychology and Aging*, *21*,
774-789.

Wynn, K.（1992）. Addition and subtraction by human infants. *Nature*, *358*, 749-750.

Zelinski, E. M., & Burnight, K. P.（1997）. Sixteen-year longitudinal and time lag changes in
memory and cognition in older adults. *Psychology and Aging*, *12*, 503-513.

第 4 章

阿出川 あすか・渡辺 弥生（2021）．児童期における声による感情理解の発達と感情コンピテ
ンスの関連 日本教育心理学会第 63 回総会発表論文，142.

Ashiabi, G. S.（2000）. Promoting the emotional development of preschoolers. *Early Childhood
Education Journal*, *28*, 79-84.

朝生 あけみ（1987）．幼児期における他者感情の推測能力の発達——利用情報の変化——
教育心理学研究，*35*，33-40.

Caron, R. F., Caron, A. G., & Myers, R. S.（1982）. Abstraction of invariant face expressions in in-
fancy. *Child Development*, *53*, 1008-1015.

Dupuis, K., & Pichora-Fuller, M. K.（2010）. Use of affective prosody by young and older adults.
Psychology and Aging, *25*, 16-29.

Friend, M.（2000）. Developmental changes in sensitivity to vocal paralanguage. *Developmental
Science*, *3*, 148-162.

Gnepp, J., & Chilamkurti, C.（1988）. Children's use of personality attributions to predict other
people's emotional and behavioral reactions. *Child Development*, *59*, 743-754.

Gnepp, J., & Hess, D. L.（1986）. Children's understanding of verbal and facial display rules.
Developmental Psychology, *22*, 103-108.

Hayashi, H., & Shiomi, Y.（2015）. Do children understand that people selectively conceal or ex-
press emotion? *International Journal of Behavioral Development*, *39*, 1-8.

池田 慎之介・針生 悦子（2018）．幼児期から児童期の子どもにおける発話からの感情判断の
発達 心理学研究，*89*，302-308.

今泉 敏・木下 絵梨・山崎 和子（2008）．感情に関わる発話意図の理解機能 高次脳機能研究，
28，296-302.

鹿島 なつめ（2020）．幼児期後期の否定的感情制御と養育者の否定的感情への反応，Child
Behavior Checklist（CBCL）による問題行動の縦断的検討 教育心理学研究，*68*，
266-278.

菊池 哲平（2004）．幼児における自分自身の表情に対する理解の発達的変化 発達的心理学
研究，*15*，207-216.

菊池 哲平（2006）．幼児における状況手がかりからの自己情動と他者情動の理解　教育心理学研究，*54*，90-100.

古池 若葉（1997）．描画活動における感情表現の発達過程　教育心理学研究，*45*，367-377.

Markham, R., & Adams, K.（1992）. The effect of type of task on children's identification of facial expressions. *Journal of Nonverbal Behavior, 16*, 21-39.

枡田 恵（2014）．幼児期における感情の理解と表情表現の発達　発達心理学研究，*25*，151-161.

Morton, J. B., & Trehub, S. E.（2001）. Children's understanding of emotion in speech. *Child Development, 72*, 834-843.

Nelson, C. A., & Dolgin, K. G.（1985）. The generalized discrimination of facial expressions by seven-month-old infants. *Child Development, 56*, 58-61.

野口 由貴・小澤 由嗣・山崎 和子・今泉 敏（2004）．音声から話者の心を理解する能力の発達　音声言語医学，*45*，269-275.

Pons, F., Harris, P. L., & Rosnay, M. de（2003）. Emotion comprehension between 3 and 11 years: Developmental periods and hierarchical organization. *European Journal of Developmental Psychology, 2*, 127-152.

笹屋 里絵（1997）．表情および状況手掛りからの他者感情推測　教育心理学研究，*45*，312-319.

戸田 須恵子（2003）．幼児の他者感情理解と向社会的行動との関係について　釧路論集：北海道教育大学釧路校研究紀要，*35*，95-105.

内田 伸子（1991）．子どもは感情表出を制御できるか──幼児期における展示ルール（display rule）の発達──　日本教育心理学会第33回総会発表論文集，109-110.

渡辺 弥生・瀧口 ちひろ（1986）．幼児の共感と母親の共感との関係　教育心理学研究，*34*，324-331.

Widen, S. C., & Russell, J. A.（2008）. Children acquire emotion categories gradually. *Cognitive Development, 23*, 291-312.

第5章

Bernstein, R. M.（1980）. The development of the self-system during adolescence. *The Journal of Genetic Psychology, 136*, 231-245.

Broughton, J.（1978）. Development of concept of self, mind, reality, and knowledge. *New Directions for Child and Adolescent Development, 1*, 75-100.

Crocker, J., & Park, L. E.（2004）. The costly pursuit of self-esteem. *Psychological Bulletin, 130*, 392-414.

Destin, M., & Oyserman, D.（2010）. Incentivizing education: Seeing schoolwork as an investment, not a chore. *Journal of Experimental Social Psychology, 46*, 846-849.

遠藤 毅（1981）．自己概念に関する研究　日本教育心理学会第23回総会発表論文集，420-421.

榎本 博明（1991）．自己開示と自我同一性地位の関係について　中京大学教養論叢，*32*，187-199.

榎本 博明（2002）．自尊感情を巡って　日本社会心理学会第 43 回大会発表論文集，878-879.

榎本 博明（2010）．子どもの「自己肯定感」のもつ意味　児童心理，*64*（4），257-266.

榎本 博明（2021）．自己肯定感という呪縛――なぜ低いと不安になるのか――　青春出版社

榎本 博明・田中 道弘（2006）．自尊感情測定尺度の現状と課題　人間学研究，*4*，41-51.

Erikson, E. H.（1959）．*Identity and the life cycle: Selected papers.* New York: International University Press.
（エリクソン，E. H.　小此木 啓吾（訳編）（1973）．自我同一性――アイデンティティとライフ・サイクル――　誠信書房）

Feldman, O.（1995）．社会的自尊心尺度の研究――日本における方法論と妥当性の諸相――　社会学ジャーナル，*20*，46-64.

Heine, S., Lehman, D. R., Markus, H. R., & Kitayama, S.（1999）．Is there a universal need for positive self-regard? *Psychological Revuew, 106,* 766-794.

星野 命（1970）．感情の心理と教育（2）　児童心理，*24*，1445-1477.

Josselson, R.（1996）．*Revising herself: The story of women's identity from college to midlife.* New York: Oxford University Press.

Kagan, J.（1981）．*The second year: The emergence of self-awareness.* Cambridge, MA: Harvard University Press.

唐澤 真弓・柏木 惠子（1985）．幼児における自己認識――言語を媒介とした方法でどれだけ捉えられるか？――　*Human Developmental Research, 1,* 41-52.

Katz, P., & Zigler, E.（1967）．Self-image disparity: A developmental approach. *Journal of Personality and Social Psychology, 5,* 186-195.

Keller, A., Ford, L. H. Jr., & Meacham, J. A.（1978）．Dimensions of self-concept in preschool children. *Developmental Psychology, 14,* 483-489.

Kravitz, H., & Boehm, J. J.（1971）．Rhythmic habit patterns in infancy: Their sequence, age of onset, and frequency. *Child Development, 42,* 399-413.

Kroger, J.（1995）．The differentiation of "firm" and "developmental" foreclosure identity statuses: A longitudinal study. *Journal of Adolescent Research, 10,* 317-337.

Kroger, J.（2000）．*Identity development: Adolescence through adulthood.* SAGE.
（クロガー，J. 榎本 博明（編訳）（2005）．アイデンティティの発達――青年期から成人期――　北大路書房）

Livesley, W. J., & Bromley, D. B.（1973）．*Person perception in childhood and adolescence.* London: Wiley.（Rosenberg, M., 1986 より）

Marcia, J. E.（1966）．Development and validation of ego-identity status. *Journal of Personality and Social Psychology, 3,* 551-558.

Markus, H., & Nurius, P.（1986）．Possible selves. *American Psychologist, 41,* 954-969.

Montemayor, R., & Eisen, M.（1977）．The development of self-conceptions from childhood to adolescence. *Developmental Psychology, 13*, 314-319.

Oyserman, D., Bybee, D., & Terry, K.（2006）. Possible selves and academic outcomes: How and when possible selves impel action. *Journal of Personality and Social Psychology, 91*, 188-204.

Papini, D. R., Sebby, R. A., & Clark, S.（1989）. Affective quality of family relations and adolescent identity exploration. *Adolescence, 24*, 457-466.

Perosa, L. M., Perosa, S. L., & Tam, H. P.（1996）. The contribution of family structure and differentiation to identity development in females. *Journal of Youth and Adolescence, 25*, 817-837.

Quintana, S. M., & Lapsley, D. K.（1990）. Rapprochement in late adolescent separation-individuation: A structural equations approach. *Journal of Adolescence, 13*, 371-385.

Rosenberg, M.（1965）. *Society and the adolescent self-image.* Princeton, NJ: Princeton University Press.

Rosenberg, M.（1986）. Self-concept from middle childhood through adolescence. In J. Suls, & A. G. Greenwald（Eds.）, *Psychological perspectives on the self.* Vol.3（pp.107-135）. Hillsdale, NJ: Lawrence Erlbaum.

Rosenberg, M., & Simmons, R. G.（1972）. *Black and white self-esteem: The urban school child.* Washington, D.C.: American Sociological Association.（Rosenberg, M., 1986 より）

田中 道弘（2002）. 自尊感情の測定に関する視点から（2）　日本社会心理学会第 43 回大会発表論文集, 878-879.

田中 道弘（2005）. 自己肯定感尺度の作成と項目の検討　人間科学論究, 13, 15-27.

田中 道弘（2008）. 自尊感情における社会性, 自尊感情形成に際しての基準――自己肯定感尺度の新たな可能性――　下斗米 淳（編）自己心理学 6　社会心理学へのアプローチ　金子書房

柳井 修（1977）. 自己意識に関する研究　日本心理学会第 41 回大会発表論文集

第 6 章

Ayduk, Ö., Kross, E.（2010）. From a distance: Implications of spontaneous self-distancing for adaptive self-reflection. *Journal of Personality and Social Psychology, 98*, 809-829.

Boyatzis, R. E.（2009）. Competencies as a behavioral approach to emotional intelligence. *Journal of Management Development, 28*, 749-770.

Brasseur, S., Grégoire, J., Bourdu, R., & Mikolajczak, M.（2013）. The Profile of Emotional Competence（PEC）: Development and validation of a self-reported measure that fits dimensions of emotional competence theory. *PLoS ONE, 8*（5）, e62635.

Cole, P. M.（1986）. Children's spontaneous control of facial expression. *Child Development, 57*, 1309-1321.

de Ridder, D. T. D., Lensvelt-Mulders, G., Finkenauer, C., Stok, F. M., & Baumeister, R. F.（2012）. Taking stock of self-control: A meta-analysis of how trait self-control relates to a wide range of behaviors. *Personality and Social Psychology Review, 16*, 76-99.

Diamond, A. (2013). Executive functions. *Annual Review of Psychology, 64*, 135-168.

Duckworth, A. L., Tsukayama, E., & May, H. (2010). Establishing causality using longitudinal hierarchical linear modeling: An illustration predicting achievement from self-control. *Social Psychological and Personality Science, 1*, 311-317.

榎本 博明 (2014). 「イラッとくる」の構造　ベストセラーズ

Fine, S. E., Izard, C. E., Mostow, A. J., Trentacosta, C. J., & Ackerman, B. P. (2003). First grade emotion knowledge as a predictor of fifth grade self-reported internalizing behaviors in children from economically disadvantaged families. *Development and Psychopathology, 15*, 331-342.

Frederickson, N., Petrides, K. V., & Simmonds, E. (2012). Trait emotional intelligence as a predictor of socioemotional outcomes in early adolescence. *Personality and Individual Differences, 52*, 323-328.

Gardner, H. (1999). *Intelligence reframed: Multiple intelligences for the 21st century.* New York: Basic Books.
（ガードナー, H. 松村 暢隆 (訳) (2001). MI――個性を生かす多重知能の理論――新曜社）

Gathercole, S. E., & Pickering, S. J. (2000). Working memory deficits in children with low achievements in the national curriculum at 7 years of age. *The British Journal of Educational Psychology, 70*, 177-194.

Goleman, D. (1995). *Emotional intelligence: Why it can matter more than IQ.* New York: Bantam.
（ゴールマン, D. 土屋 京子 (訳) (1996). EQ――こころの知能指数―― 講談社）

Gosselin, P., Maassarani, R., Younger, A., & Perron, M. (2011). Children's deliberate control of facial action units involved in sad and happy expressions. *Journal of Nonverbal Behavior, 35*, 225-242.

平井 美佳 (2017). 幼児期における自己と他者の調整とその発達　教育心理学研究, *65*, 211-224.

平川 久美子 (2014). 幼児期から児童期にかけての情動の主張的表出の発達――怒りの表情表出の検討―― 発達心理学研究, *25*, 12-22.

Hodzic, S., Scharfen, J., Ripoll, P., Holling, H., & Zenasni, F. (2018). How efficient are emotional intelligence trainings: A meta-analysis. *Emotion Review, 10*, 138-148.

池田 吉史 (2019). 児童期における抑制の定型発達と非定型発達　発達心理学研究, *30*, 219-230.

Izard, C., Fine, S., Schultz, D., Mostow, A., Ackerman, B., & Youngstrom, E. (2001). Emotion knowledge as a predictor of social behavior and academic competence in children at risk. *Psychological Science, 12*, 18-23.

Josephs, I. E. (1994). Display rule behaviour and understanding in preschool children. *Journal of Nonverbal Behavior, 18*, 301-326.

柏木 惠子（1988）. 幼児期における「自己」の発達——行動の自己制御機能を中心に——
東京大学出版会

木村 敏久・小泉 令三（2020）. 中学校におけるいじめ抑止の意識向上に向けた社会性と情動
の学習の効果検討——教師による実践及び生徒の社会的能力との関連——　教育心理学
研究, *68*, 185-201.

Kliegl, O., Wallner, L., & Bäuml, K-H. T.（2018）. Selective directed forgetting in children.
Journal of Experimental Child Psychology, 167, 433-440.

Kromm, H., Färber, M., & Holodynski, M.（2015）. Felt or false smiles? Volitional regulation of
emotional expression in 4-, 6-, and 8-year-old children. *Child Development, 86*, 579-597.

Kross, E., & Ayduk, O.（2017）. Self-distancing: Theory, research, and current directions.
Advances in Experimental Social Psychology, 55, 81-136.

Kross, E., Bruehlman-Senecal, E., Park, J., Burson, A., Dougherty, A., Shablack, H., Bremner, R.,
...Ayduk, O.（2014）. Self-talk as a regulatory mechanism: How you do it matters. *Journal
of Personality and Social Psychology, 106*, 304-324.

久保 ゆかり（2007）. 幼児期における感情表出についての認識の発達——5歳から6歳への
変化——　東洋大学社会学部紀要, *44*, 89-105.

沓澤 岳・尾崎 由佳（2019）. セルフコントロールのトレーニング法の開発とその効果検証
実験社会心理学研究, *59*, 37-45.

MacCann, C., Jiang, Y., Brown, L. E. R., Double, K. S., Bucich, M., & Minbashian, A.（2020）.
Emotional intelligence predicts academic performance: A meta-analysis. *Psychological
Bulletin, 146*, 150-186.

Mikolajczak, M., Brasseur, S., & Fantini-Hauwel, C.（2014）. Measuring intrapersonal and inter-
personal EQ: The Short Profile of Emotional Competence（S-PEC）. *Personality and
Individual Differences, 65*, 42-46.

Mischel, W.（2014）. *The Marshmallow Test: Mastering self-control.* New York: Little, Brown.
（ミッシェル, W. 柴田 裕之（訳）（2017）. マシュマロ・テスト——成功する子・しな
い子——　早川書房）

Moffitt, T. E., Arseneault, L., Belsky, D., Dickson, N., Hancox, R. J., Harrington, H., ...Caspi, A.
（2011）. A gradient of childhood self-controle predicts health, wealth, and public safety.
Proceedings of the National Academy of Sciences of the United States of America, 108, 2693-
2698.

長濱 成未・高井 直美（2011）. 物の取り合い場面における幼児の自己調整機能の発達　発達
心理学研究, *22*, 251-260.

野崎 優樹・子安 増生（2015）. 情動コンピテンスプロフィール日本語短縮版の作成　心理学
研究, *86*, 160-169.

O'Boyle, E. H., Jr., Humphrey, R. H., Pollack, J. M., Hawver, T. H., & Story, P. A.（2011）. The re-
lation between emotional intelligence and job performance: A meta-analysis. *Journal of*

Organizational Behavior, 32, 788-818.

Organisation for Economic Co-operation and Development（2015）. *Skills for social progress: The power of social and emotional skills.* OECD Publishing.
（経済協力開発機構（OECD）（編著）無藤 隆・秋田 喜代美（監訳）（2018）．社会情動的スキル――学びに向かう力―― 明石書店）

尾崎 由佳・後藤 崇志・小林 麻衣・沓澤 岳（2016）．セルフコントロール尺度短縮版の邦訳および信頼性・妥当性の検討　心理学研究, *87*, 144-154.

Ponitz, C. C., McClelland, M. M., Matthews, J. S., & Morrison, F. J.（2009）. A structured observation of behavioral self-regulation and its contribution to kindergarten outcomes. *Developmental Psychology, 45*, 605-619.

Robson, D. A., Allen, M. S., & Howard, S. J.（2020）. Self-reguration in childhood as a predictor of future outcomes: A meta-analytic review. *Psychological Bulletin, 146*, 324-354.

坂田 陽子・森口 佑介（2016）．タッチパネル方式を用いた幼児向け実行機能課題の有効性　心理学研究, *87*, 165-171.

Saklofske, D. H., Austin, E. J., & Minski, P. S.（2003）. Factor structure and validity of a trait emotional intelligence measure. *Personality and Individual Differences, 34*, 707-721.

Salovey, P., & Mayer, J. D.（1990）. Emotional intelligence. *Imagination, Cognition and Personality, 9*, 185-211.

清水 登大・長峯 聖人・外山 美樹（2021）．非1人称セルフトークが自己制御に及ぼす影響――制御焦点を調整変数として―― 教育心理学研究, *69*, 229-240.

Siegling, A. B., Nielsen, C., & Petrides, K. V.（2014）. Trait emotional intelligence and leadership in a European multinational company. *Personality and Individual Differences, 65*, 65-68.

田島 信元・柏木 恵子・氏家 達夫（1988）．幼児の自己制御機能の発達――絵画自己制御能力テストにおける4〜6歳の縦断的変換について―― 発達研究, *4*, 45-63.

Tangney, J. P., Baumeister, R. F., & Boone, A. L.（2004）. High self-control predicts good adjustment, less pathology, better grades, and interpersonal success. *Journal of Personality, 72*, 271-324.

田代 琴美（2018）．児童期における感情コンピテンスと対人交渉方略　法政大学大学院紀要, *81*, 57-64.

土田 宣明・坂田 陽子（2019）．実行機能の形成と衰退――抑制に注目して―― 発達心理学研究, *30*, 176-187.

山田 洋平・小泉 令三（2020）．幼児を対象とした社会性と情動の学習（SEL-8N）プログラムの効果　教育心理学研究, *68*, 216-229.

山本 愛子（1995a）．幼児の自己調整能力に関する発達的研究――幼児の対人葛藤場面における自己主張解決方略について―― 教育心理学研究, *43*, 42-51.

山本 愛子（1995b）．幼児の自己主張と対人関係――対人葛藤場面における仲間との親密性および既知性―― 心理学研究, *66*, 205-212.

山本 信（2020）．幼児期・児童期における表情抑制の発達――情動理解と表情表出の巧緻度

に着目して——　発達心理学研究, *31*, 213-225.

第7章

Ainsworth, M. D. S., Blehar, M. C., Waters, E., & Wall, S. (1978). *Patterns of attachment: A psychological study of the strange situation.* Hillsdale, NJ: Erlbaum.

Berndt, T. J., Hawkins, J. A., & Hoyle, S. G. (1986). Changes in friendship during a school year: Effects on children's and adolescents' impressions of friendship and sharing with friends. *Child Development, 57*, 1284-1297.

Berndt, T. J., & Hoyle, S. G. (1985). Stability and change in childhood and adolescent friendships. *Developmental Psychology, 21*, 1007-1015.

Bowlby, J. (1969/1982). *Attachment and loss.* Vol.1. *Attachment.* New York: Basic Books.
（ボウルビィ, J. 黒田 実郎・大羽 蓁・岡田 洋子・黒田 聖一（訳）(1991). 新版 母子関係の理論 I ——愛着行動——　岩崎学術出版社）

榎本 博明 (1987). 青年期（大学生）における自己開示性とその性差について　心理学研究, *58*, 91-97.

榎本 博明 (1997). 自己開示の心理学的研究　北大路書房

榎本 博明 (2016). 「やさしさ」過剰社会——人を傷つけてはいけないのか——　PHP研究所

榎本 博明 (2018). 「対人不安」って何だろう？——友だちづきあいに疲れる心理——　筑摩書房

Fischer, J. L. (1981). Transitions in relationship style from adolescence to young adulthood. *Journal of Youth and Adolescence, 10*, 11-23.

Grossmann, K. E., Grossmann, K., Huber, F., & Wartner, U. (1981). German children's behavior towards their mothers at 12 months and their fathers at 18 months in Ainsworth's Strange Situation. *International Journal of Behavioral Development, 4* (2), 157-181.

繁多 進 (1987). 愛着の発達——母と子の心の結びつき——　大日本図書

Kimmel, D. C., & Weiner, I. B. (1995). *Adolescence: A developmental transition* (2nd ed.). John Wiley and Sons.
（キンメル, D. C.・ワイナー, I. B. 河村 望・永井 撤（監訳）(2002). 思春期・青年期の理論と実像——米国における実態研究を中心に——　ブレーン出版）

Main, M., & Solomon, J. (1990). Procedures for identifying infants as disorganized/disoriented during the Ainsworth Strange Situation. In M. T. Greenberg, D. Cicchetti, & E. M. Cummings (Eds.), *Attachment in the preschool years: Theory, research, and intervention* (pp.121-160). Chicago, IL: University of Chicago Press.

三宅 和夫 (1998). 乳幼児の社会的発達　小嶋 秀夫・三宅 和夫（編著）発達心理学（pp.61-72）放送大学教育振興会

三宅 和夫 (2004). 発達心理学研究50年の足跡——自己の歩みを振り返りつつ——　三宅 和夫・陳 省仁・氏家 達夫 (2004). 「個の理解」をめざす発達研究（pp.57-93）有斐閣

水本 深喜（2018）．青年期後期の子の親との関係──精神的自立と親密性からみた父息子・父娘・母息子・母娘間差── 教育心理学研究, *66*, 111-126.

本島 優子（2017）．母親の情動認知と乳児のアタッチメント安定性──縦断的検討── 発達心理学研究, *28*, 133-142.

岡田 努（2002）．現代大学生の「ふれあい恐怖的心性」と友人関係の関連についての考察 性格心理学研究, *10*, 69-84.

山田 昌弘（1999）．パラサイト・シングルの時代 筑摩書房

第8章

Davis, M. H. (1983). Measuring individual differences in empathy: Evidence for a multidimensional approach. *Journal of Personality and Social Psychology, 44*, 113-126.

Davis, M. H., & Franzoi, S. L. (1991). Stability and change in adolescent self-consciousness and empathy. *Journal of Research in Personality, 25*, 70-87.

Eisenberg, N., Carlo, G., Murphy, B., & Court, P. (1995). Prosocial development in late adolescence: A longitudinal study. *Child Development, 66*, 1179-1197.

Eisenberg, N., & Fabes, R. A. (1998). Prosocial development. In N. Eisenberg (Ed.), *Handbook of child psychology.* Vol.3. *Social, emotional, and personality development* (5th ed., pp.701-778). Hoboken, NJ: John Wiley & Sons.

Eisenberg, N., Fabes, R. A., & Spinrad, T. (2006). Prosocial development. In N. Eisenberg (Ed.), *Handbook of child psychology.* Vol.3. *Social, emotional, and personality development* (6th ed., pp.646-718). Hoboken, NJ: John Wiley & Sons.

Eisenberg, N., Miller, P. A., Shell, R., McNalley, S., & Shea, C. (1991). Prosocial development in adolescence: A longitudinal study. *Developmental Psychology, 27*, 849-857.

Eisenberg, N., Shell, R., Pasternack, J., Lennon, R., Beller, R., & Mathy, R. M. (1987). Prosocial development in middle childhood: A longitudinal study. *Developmental Psychology, 23*, 712-718.

Eisenberg-Berg, N. (1979). Development of children's prosocial moral judgment. *Developmental Psychology, 15*, 128-137.

榎本 博明（2017）．思いやりのない子は増えているか 児童心理, *71*, 26-32.

Fabes, R. A., Carlo, G., Kupanoff, K., & Laible, D. (1999). Early adolescence and prosocial/moral behavior I: The role of individual process. *The Journal of Early Adolescence, 19*, 5-16.

Hoffman, M. L. (2000). *Empathy and moral development: Implications for caring and justice.* New York: Cambridge University Press.

（ホフマン, M. L. 菊池 章夫・二宮 克美（訳）(2001). 共感と道徳性の発達心理学──思いやりと正義とのかかわりで── 川島書店）

Kohlberg, L. (1969). Stage and sequence: The cognitive-developmental approach to socialization. In D. A. Goslin (Ed.), *Handbook of socialization theory and research* (pp.347-480). Chicago: Rand McNally.

（コールバーグ，L. 永野 重史（監訳）（1987）．道徳性の形成――認知発達的アプローチ―― 新曜社）

Kohlberg, L., & Higgins, A. (1984). Continuities and discontinuities in childhood and adult development revisited—again. In L. Kohlberg (Ed.), *The psychology of moral development: The nature and validity of moral stages*. Vol. 2 (pp.426-497). San Francisco, CA: Jossey-Bass.

Londerville, S., & Main, M. (1981). Security of attachment, compliance, and maternal training methods in the second year of life. *Developmental Psychology, 17*, 289-299.

Lovett, B. J., & Sheffield, R. A. (2007). Affective empathy deficits in aggressive children and adolescents: A critical review. *Clinical Psychology Review, 27*, 1-13.

溝川 藍・子安 増生（2017）．青年期・成人期における共感性，情動コンピテンスと道徳性の関連 教育心理学研究，*65*，361-374.

Moir, D. J. (1974). Egocentrism and the emergence of conventional morality in preadolescent girls. *Child Development, 45*, 299-304.

文部科学省（2020）．児童生徒の問題行動・不登校等生徒指導上の諸課題に関する調査結果 文部科学省 Retrieved from https://www.mext.go.jp/content/20211008-mext_jidou01-100002753_01.pdf

文部科学省（2021）．児童生徒の問題行動・不登校等生徒指導上の諸課題に関する調査結果 文部科学省 Retrieved from https://www.mext.go.jp/content/20211007-mxt_jidou01-100002753_1.pdf

中里 至正・杉山 憲司（1988）．道徳的行動に関する発達的研究――最近の減少傾向の検討―― 東洋大学昭和63年度特別研究報告書，46-52.

西村 多久磨・村上 達也・櫻井 茂男（2015）．共感性を高める教育的介入プログラム――介護福祉系の専門学校生を対象とした効果検証―― 教育心理学研究，*63*，453-466.

西村 多久磨・村上 達也・櫻井 茂男（2018）．向社会性のバウンスバック――児童期中期から青年期前期を対象として―― 心理学研究，*89*，345-355.

大平 健（1995）．やさしさの精神病理 岩波書店

Richardson, D. R., Hammock, G. S., Smith, S. M., Gardner, W., & Signo, M. (1994). Empathy as a cognitive inhibitor of interpersonal aggression. *Aggressive Behavior, 20*, 275-289.

坂井 玲奈（2005）．思いやりに関する研究の概観と展望――行動に表れない思いやりに注目する必要性の提唱―― 東京大学大学院教育学研究科紀要，*45*，143-148.

櫻井 茂男・葉山 大地・鈴木 高志・倉住 友恵・萩原 俊彦・鈴木 みゆき・大内 晶子・及川 千都子（2011）．他者のポジティブ感情への共感的感情反応と向社会的行動，攻撃行動との関係 心理学研究，*82*，123-131.

杉山 憲司（1991）．愛他行動 繁多 進・青柳 肇・田島 信元・矢澤 圭介（編）社会性の発達心理学（pp.213-224） 福村出版

杉山 憲司・中里 至正（1985）．愛他行動と共感性との関連について 日本教育心理学会第27回総会発表論文集，74-75.

東京学芸大学「小1プロブレム」研究推進プロジェクト（2010）．平成19年度～平成21年

度小1プロブレム研究推進プロジェクト報告書

植田 瑞穂・桂田 恵美子（2021）．1〜3歳児における正の共感の発達——状況的要因の検討を踏まえた負の共感との比較—— 発達心理学研究, *32*（1）, 1-10.

Underwood, B., & Moore, B.（1982）. Perspective-taking and altruism. *Psychological Bulletin*, *91*, 143-173.

渡部 雅之（1995）．わかる——他視点の理解—— 空間認知の研究会（編）空間に生きる——空間認知の発達的研究——（pp.42-53） 北大路書房

渡部 雅之（2019）．社会性の発達 渡部 雅之・豊田 弘司 教育心理学Ⅰ——発達と学習——第2版（pp.85-100） サイエンス社

山田 洋平・小泉 令三（2020）．幼児を対象とした社会性と情動の学習（SEL-8N）プログラムの効果 教育心理学研究, *68*, 216-229.

山岸 明子（1976）．道徳判断の発達 教育心理学研究, *24*, 97-106.

Zahn-Waxler, C., Radke-Yarrow, M., & King, R. A.（1979）. Child rearing and children's prosocial initiations toward victims of distress. *Child Development, 50*, 319-330.

Zahn-Waxler, C., Radke-Yarrow, M., Wagner, E., & Chapman, M.（1992）. Development of concern for others. *Developmental Psychology, 28*, 126-136.

第9章

阿部 和彦・小田 昇（1978）．小児の行動特徴と遺伝 遺伝, *32*, 6-14.

安藤 寿康・大野 裕（1998）．双生児法による性格の研究（1）——TCIによる気質と人格の遺伝分析—— 日本性格心理学会発表論文集, *7*, 28-29.

Ando, J., Ono, Y., Yoshimura, K., Onoda, N., Shimohara, M., Kanba, S., & Asai, M.（2002）. The genetic structure of Cloninger's seven-factor model of temperament and character in a Japanese sample. *Journal of Personality, 70*, 583-609.

Ando, J., Suzuki, A., Yamagata, S., Kijima, N., Maekawa, H., Ono, Y., & Jang, K. L.（2004）. Genetic and environmental structure of Cloninger's temperament and character dimensions. *Journal of Personality Disorders, 18*, 379-393.

Bell, R. Q.（1968）. A reinterpretation of the direction of effect in studies of socialization. *Psychological Review, 75*, 81-95.

Benjamin, J., Patterson, C., Greenberg, B. D., Murphy, D. L., & Hamer, D. H.（1996）. Population and familial association between the D4 dopamine receptor gene and measures of novelty seeking. *Nature Genetics, 12*, 81-84.

Botwinick, I.（1973）. *Aging and behavior: A comprehensive integration of research findings*. Springer.

Bronson, W. C.（1966）. Central orientation: A study of behavior organization from childhood to adolescence. *Child Development, 37*, 125-155.

Bronson, W. C.（1967）. Adult derivatives of emotional expressiveness and reactivity-control: Developmental continuities from childhood to adulthood. *Child Development, 38*, 801-817.

Cloninger, C. R., Svrakic, D. M., & Przybeck, T. R.（1993）. A psychological model of temperament and character. *Archives of General Psychiatry, 50*, 975–990.

Costa, P. T., & McCrae, R. R.（1988）. Personality in adulthood: A six-year longitudinal study of self-reports and spouse ratings on the NEO Personality Inventory. *Journal of Personality and Social Psychology, 54*, 853–863.

土肥 伊都子（2011）. ジェンダーと自己 榎本 博明（編）自己心理学の最先端――自己の構造と機能を科学する――（pp.34-43） あいり出版

榎本 博明（2003）. 過去への態度に見られる年代差 日本社会心理学会第44回大会発表論文集, 736-737.

榎本 博明（2004）. パーソナリティの遺伝と環境 榎本 博明・桑原 知子（編著）新訂 人格心理学（pp.54-71） 放送大学教育振興会

榎本 博明（2006）. 高齢者の心理 家計経済研究, *70*, 28-37.

榎本 博明（2020）. わかりやすいパーソナリティ心理学 サイエンス社

Field, D., & Millsap, R. E.（1991）. Personality in advanced old age: Continuity or change? *Journal of Gerontology, 46*, 299–308.

Haan, N.（1985）. Common personality dimensions or common organization across the life-span? In J. M. P. Munnichs, P. Mussen, E. Olbrich, & P. G. Coleman（Eds.）, *Life-span and change in gerontological perspective*（pp.17-44）. New York: Academic Press.

Haan, N., Millsap, R., & Hartka, E.（1986）. As time goes by: Change and stability in personality over fifty years. *Psychology and Aging, 1*, 220-232.

星 薫（2002）. 老年期の認知・記憶・知能 竹中 星郎・星 薫（編）老年期の心理と病理（pp.86-102） 放送大学教育振興会

Jones, C. J., & Meredith, W.（1996）. Patterns of personality change across the life span. *Psychology and Aging, 11*, 57-65.

Kagan, J., & Moss, H. A.（1962）. *Birth to maturity: A study in psychological development.* New York: Wiley.

柏木 惠子（2013）. おとなが育つ条件――発達心理学から考える―― 岩波書店

Leon, G. R., Gillum, B., Gillum, R., & Gouze, M.（1979）. Personality stability and change over a 30-year period: Middle age to old age. *Journal of Consulting and Clinical Psychology, 47*, 517-524.

Lesch, K. P., Bengel, D., Heils, A., Sabol, S. Z., Greenberg, B. D., Petri, S., ...Murphy, D. L.（1996）. Association of anxiety-related traits with a polymorphism in the serotonin transporter gene regulatory region. *Science, 274*, 1527-1531.

Livson, F. B.（1981）. Paths to psychological health in the middle years: Sex differences. In D. N. Eichorn, J. A. Clausen, N. Haan, M. P. Honzik, & P. H. Mussen（Eds.）, *Present and past in middle life*（pp.195-221）. Academic Press.

村瀬 俊樹（2009）. 1歳半の子どもに対する絵本の読み聞かせ方および育児語の使用と母親の信念の関連性 社会文化論集：島根大学法文学部紀要社会文化学科編, *5*, 1-17.

中里 克治・下仲 順子 (1989). 成人前期から老年期にいたる不安の年齢変化 教育心理学研究, *37*, 172-178.

Plomin, R. (1990). *Nature and nurture: An introduction to human behavioral genetics.* Belmont, CA: Thomson Brooks/Cole.
(プロミン, R. 安藤 寿康・大木 秀一 (訳) (1994). 遺伝と環境——人間行動遺伝学入門—— 培風館)

Postema, L. J., & Schell, R. E. (1967). Aging and psychopathology: Some MMPI evidence for seemingly greater neurotic behavior. *Journal of Clinical Psychology, 23,* 140-143.

Schaie, K. W., & Parham, I. A. (1976). Stability of adult personality traits: Fact or fable? *Journal of Personality and Social Psychology, 34,* 146-158.

島 義弘・浦田 愛子 (2014). 発達期待と養育態度が母親の読み聞かせの意義の認識と読み聞かせの方法に与える影響 鹿児島大学教育学部研究紀要 教育科学編, *65*, 125-133.

下仲 順子 (1988). 老人と人格——自己概念の生涯発達プロセス—— 川島書店

スモーラー, J. (2002). 福西 勇夫・秋本 倫子 (訳) 精神科遺伝学 現代のエスプリ, 423 (pp.162-175) 至文堂

Stalling, M. C., Hewitt, J. K., Cloninger, C. R., Health, A. C., & Eaves, L. J. (1996). Genetic and environmental structure of the Tridimensional Personality Questionnaire: Three or four temperament dimensions? *Journal of Personality and Social Psychology, 70,* 127-140.

周防 諭・石浦 章一 (1999). 性格と遺伝子 生物の化学 遺伝 別冊 No.11 脳・心・進化 (pp.113-120) 裳華房

滝本 高広・岩崎 和彦 (2002).「遺伝子」から心を観る 現代のエスプリ, 423 (pp.92-103) 至文堂

Thomas, A., Chess, S., & Birch, H. G. (1970). The origin of personality. *Scientific American, 233,* 102-109.
(トーマス, A.・チェス, S.・バーチ, H. G. 本明 寛 (監訳) (1972). 人格はどのように形成されるか 別冊サイエンス 日本経済新聞社)

第10章

榎本 博明 (2000). 成人期における発達課題 大阪大学大学院人間科学研究科紀要, *26*, 65-83.

Erikson, E. H. (1982). *The life cicle completed: A review.* New York: W. W. Norton.
(エリクソン, E. H. 村瀬 孝雄・近藤 邦夫 (訳) (1989). ライフサイクル, その完結 みすず書房)

Havighurst, R. J. (1953). *Human development and education.* New York: Longmans, Green.
(ハヴィガースト, R. J. (1953). 荘司 雅子 (監訳) (1995). 人間の発達課題と教育 玉川大学出版部)

Jung, C. G. (Ed.) (1964). *Man and his symbols.* Aldus Books.
(ユング, C. G. (編) 河合 隼雄 (監訳) (1975). 人間と象徴——無意識の世界——

（下） 河出書房新社）

Levinson, D. J.（1978）. *The seasons of a man's life.* New York: Knopf.

（レビンソン，D. J. 南 博（訳）（1992）. ライフサイクルの心理学（上） 講談社）

第11章

安達 智子（2001）. 進路選択に対する効力感と就業動機，職業未決定の関連について――女子短大生を対象とした検討―― 心理学研究，*72*，10-18.

榎本 博明（2005）. 人生半ばの移行期におけるアイデンティティをめぐる問い 日本健康心理学会第18回大会発表論文集，58.

榎本 博明（2006）. キャリア形成力尺度の信頼性と妥当性 日本心理学会第70回大会発表論文集，64.

榎本 博明（監修）（2007）. 家庭（親）の教育力向上についての研究（Ⅱ）――幼児教育に関する調査結果―― 大阪市幼児教育センター

榎本 博明（2008）. 自己物語から自己の発達をとらえる 榎本 博明（編）自己心理学2 生涯発達心理学へのアプローチ（pp.62-81） 金子書房

榎本 博明（2014）. キャリア形成力尺度の信頼性と妥当性 自己心理学，*6*，20-34.

榎本 博明（2016）. 山形県の放課後児童クラブ・子ども教室等の関係者を対象とした調査 未公刊

榎本 博明（2019）. 50歳からのむなしさの心理学 朝日新聞出版

藤井 義久（1999）. 女子学生における就職不安に関する研究 心理学研究，*70*，417-420.

侯 玥江・太田 正義・加藤 弘通（2020）. 小中移行期における学校享受感の変化様態および教師・親との縦断影響プロセス――一貫校と非一貫校を比較して―― 教育心理学研究，*68*，360-372.

高坂 康雅・都築 学・岡田 有司（2014）. 小中一貫校・非一貫校における子どもの適応・発達（1）――学校適応感・精神的健康に注目して―― 日本教育心理学会第56回総会発表論文集，529.

松尾 雄毅・佐野 秀樹（1993）. 職業未決定の類型と処遇――アメリカと日本における研究の概観―― 東京学芸大学紀要 第1部門 教育科学，*44*，273-286.

皆川 直凡（2021）. ヴィゴツキーの『教育心理学講義』に学ぶ（2）――現代の子どもの発達心理学上の問題についての一考察―― 鳴門教育大学研究紀要，*36*，132-141.

永作 稔・三保 紀裕（編）（2019）. 大学におけるキャリア教育とは何か――7人の若手教員による挑戦―― ナカニシヤ出版

坂柳 恒夫（1995）. 大学生の職業的不安に関する研究 広島大学大学教育研究センター大学論集，*25*，209-227.

下村 英雄・木村 周（1994）. 大学生の就職活動における就職関連情報と職業未決定 進路指導研究，*15*，11-19.

白井 利明（1996）. 大学から職場への移行に関する追跡的研究――時間的展望の再編成に注目して―― 悠峰職業科学研究紀要，*4*，38-45.

Shirai, T. (2003). Woman's transition to adulthood in Japan: A longitudinal study of subjective aspects. In German Japanese Society for Social Sciences (Ed.), *Environment in natural and socio-cultural context: Proceeding of the 7th meeting of German Japanese Society for Social Sciences* (pp.299-309). Tokyo: Inaho Shobo.

白井 利明 (2007). 時間的展望研究の動向 都築 学・白井 利明 (編) 時間的展望研究ガイドブック (pp.53-109) ナカニシヤ出版

白井 利明 (2009). 大学から社会への移行における時間的展望の再編成に関する追跡的研究 (Ⅵ)──大卒8年目のキャリア発達と時間的展望── 大阪教育大学紀要第Ⅳ部門:教育科学, *57*, 101-112.

Taylor, K. M., & Betz, N. E. (1983). Application of self-efficacy theory to the understanding and treatment of career indecision. *Journal of Vocational Behavior, 22*, 63-81.

富家 美那子・宮前 淳子 (2009). 教師の視点からみた中1ギャップに関する研究 香川大学教育実践総合研究, *18*, 89-101.

浦上 昌則 (1995). 女子短期大学生の進路選択に対する自己効力と職業不決断──Taylor & Betz (1983) の追試的検討── 進路指導研究, *16*, 40-45.

臼井 博 (2017). 小学校から中学校への学校間移行の学校適応と学習動機に対する影響 (7)──「中1ギャップ」現象は, 確証できるのか?:縦断的な研究── 札幌学院大学人文学会紀要, *101*, 75-93.

山田 洋平・小泉 令三 (2020) 幼児を対象とした社会性と情動の学習 (SEL-8N) プログラムの効果 教育心理学研究, *68*, 216-229.

第12章

American Psychiatric Association (2013). *Desk refference to the diagnostic criteria from DSM-5.* Arlington, VA: American Psychiatric Publishing.
(アメリカ精神医学会 髙橋 三郎・大野 裕 (監訳) (2014). DSM-5 精神疾患の分類と診断の手引 医学書院)

Baron-Cohen, S., Leslie, A. M., & Frith, U. (1985). Does the autistic child have a "theory of mind"? *Cognition, 21*, 37-46.

別府 哲 (2013). 自閉症スペクトラム児における社会性の障害と発達 乳幼児医学・心理学研究, *22*, 79-90.

別府 哲 (2016). 発達理論を踏まえた幼児期における自閉スペクトラム症の支援と就学支援 発達障害研究, *38* (3), 257-264.

Chronis-Tuscano, A., Molina, B. S. G., Pelham, W. E., Applegate, B., Dahlke, A., Overmyer, M., & Lahey, B. B. (2010). Very early predictors of adolescent depression and suicide attempts in children with attention-deficit/hyperactivity disorder. *Archives of General Psychiatry, 67*, 1044-1051.

Daviss, W. B. (2008). A review of co-morbid depression in pediatric ADHD: Etiologies, phenomenology, and treatment. *Journal of Child and Adolescent Psychopharmacology, 18*,

565-571.

藤野 博（2013）．発達支援　藤永 保（監修）最新　心理学事典　平凡社

廣澤 愛子・武澤 友広・織田 安沙美・鈴木 静香・小越 咲子（2019）．自閉スペクトラム症の児童と支援者の相互作用プロセス――社会性の育成を目的とした療育場面への参与観察分析から――　発達心理学研究, *30*, 61-73.

Hobson, R. P.（1993）．*Autism and development of mind.* Hove: Lawrence Erlbaum Associates.
（ホブソン，R. P.　木下 孝司（監訳）（2000）．自閉症と心の発達――「心の理論」を越えて――　学苑社）

稲田 尚子（2018）．自閉スペクトラム症（ASD）のアセスメントの基本を学ぶ　下山 晴彦（監修）公認心理師のための「発達障害」講義（pp.91-143）北大路書房

小泉 令三・若杉 大輔（2006）．多動傾向のある児童の社会的スキル教育――個別指導と学級集団指導の組み合わせを用いて――　教育心理学研究, *54*, 546-557.

MacKay, G., & Shaw, A.（2004）．A comparative study of figurative language in children with autistic spectrum disorders. *Child Language Teaching and Therapy*, *20*, 13-32.

Martin, I., & McDonald, S.（2004）．An exploration of causes of non-literal language problems in individuals with asperger syndrome. *Journal of Autism and Developmental Disorders*, *34*, 311-328.

McIntosh, D. N., Reichmann-Decker, A., Winkielman, P., & Wilbarger, J. L.（2006）．When the social mirror breaks: Deficits in automatic, but not voluntary, mimicry of emotional facial expressions in autism. *Developmental Science*, *9*, 295-302.

文部科学省（1999）．学習障害児に対する指導について（報告）　文部科学省　Retrieved from https://www.mext.go.jp/a_menu/shotou/tokubetu/03110701/005.pdf

文部科学省（2012）．通常の学級に在籍する発達障害の可能性のある特別な教育的支援を必要とする児童生徒に関する調査結果について　文部科学省　Retrieved from https://www.mext.go.jp/a_menu/shotou/tokubetu/material/1328729.htm

中島 卓裕・伊藤 大幸・明翫 光宜・高柳 伸哉・村山 恭朗・浜田 恵・香取 みずほ・辻井 正次（2021）．自閉スペクトラム症特性と休み時間の遊びおよびメンタルヘルスの関連――一般小中学生における検証――　発達心理学研究, *32*, 233-244.

野田 航・岡田 涼・谷 伊織・大西 将史・望月 直人・中島 俊思・辻井 正次（2013）．小中学生の不注意および多動・衝動的行動傾向と攻撃性，抑うつとの関連　心理学研究, *84*, 169-175.

齊藤 彩（2015）．中学生の不注意および多動性・衝動性と内在化問題との関連――学校ライフイベントと自尊感情を媒介として――　教育心理学研究, *63*, 217-227.

齊藤 彩・松本 聡子・菅原 ますみ（2020）．思春期の注意欠如・多動傾向と不安・抑うつとの縦断的関連　教育心理学研究, *68*, 237-249.

齊藤 万比古（2009）．思春期における二次障害へのケア　齊藤 万比古（編著）発達障害が引き起こす二次障害へのケアとサポート（pp.54-73）学研プラス

齊藤 万比古・青木 桃子（2010）．ADHD の二次障害　精神科治療学, *25*, 787-792.

Senju, A., Southgate, V., Miura, Y., Matsui, T., Hasegawa, T., Tojo, Y., ...Csibra, G. (2010).
Absence of spontaneous action anticipation by false belief attribution in children with au-
tism spectrum disorder. *Development and Psychopathology, 22*, 353–360.

人名索引

事項索引

著 者 略 歴

<ruby>榎本<rt>えのもと</rt></ruby> <ruby>博明<rt>ひろあき</rt></ruby>

1979 年　東京大学教育学部教育心理学科卒業

1983 年　東京都立大学大学院心理学専攻博士課程中退

1992 年〜93 年　カリフォルニア大学客員研究員

　　　　　大阪大学大学院助教授，名城大学大学院教授等を経て

現　在　MP 人間科学研究所代表

　　　　　産業能率大学兼任講師　博士（心理学）

主 要 著 書

『「自己」の心理学──自分探しへの誘い』サイエンス社，1998

『〈私〉の心理学的探究──物語としての自己の視点から』有斐閣，1999

『〈ほんとうの自分〉のつくり方──自己物語の心理学』講談社現代新書，2002

『自己心理学 1 〜 6』（シリーズ共監修）金子書房，2008-09

『「上から目線」の構造』日本経済新聞出版社，2011

『「すみません」の国』日本経済新聞出版社，2012

『「やりたい仕事」病』日本経済新聞出版社，2012

『〈自分らしさ〉って何だろう？』ちくまプリマー新書，2015

『「やさしさ」過剰社会』PHP 新書，2016

『自己実現という罠』平凡社新書，2018

『はじめてふれる人間関係の心理学』サイエンス社，2018

『はじめてふれる産業・組織心理学』サイエンス社，2019

『わかりやすいパーソナリティ心理学』サイエンス社，2020

『教育現場は困ってる』平凡社新書，2020

『「さみしさ」の力』ちくまプリマー新書，2020

『わかりやすい教育心理学』サイエンス社，2021

『はじめてふれる心理学［第 3 版］』サイエンス社，2021

『自己肯定感という呪縛』青春新書，2021

ライブラリ わかりやすい心理学＝3

わかりやすい発達心理学

2022 年 6 月 25 日 ©　　　　　　初 版 発 行

著　者　榎 本 博 明　　　　発行者　森 平 敏 孝
　　　　　　　　　　　　　　印刷者　中 澤　　眞
　　　　　　　　　　　　　　製本者　松 島 克 幸

発行所　　株式会社　サイエンス社

〒151-0051　東京都渋谷区千駄ヶ谷 1 丁目 3 番 25 号
営業 TEL　（03）5474-8500（代）　　振替 00170-7-2387
編集 TEL　（03）5474-8700（代）
FAX　　　（03）5474-8900

組版　ケイ・アイ・エス
印刷　㈱シナノ　　　　　　　製本　松島製本
《検印省略》

ISBN978-4-7819-1542-5
PRINTED IN JAPAN

サイエンス社のホームページのご案内
https://www.saiensu.co.jp
ご意見・ご要望は
jinbun@saiensu.co.jp　まで.